Ernst J. Kiphard

Unser Kind ist ungeschickt

Ernst J. Kiphard

Unser Kind ist ungeschickt

Hilfen für das bewegungsauffällige Kind

Vierte, aktualisierte Auflage

Ernst Reinhardt Verlag München Basel

Prof. Dr. Ernst J. Kiphard, Dipl.-Sportlehrer
Ginnheimer Stadtweg 119, 60431 Frankfurt

Cip-Titelaufnahme der Deutschen Bibliothek

Kiphard, Ernst J.:
Unser Kind ist ungeschickt : Hilfen für das bewegungsauffällige Kind / Ernst J. Kiphard. – 4., aktualisierte Aufl. – München ; Basel : E. Reinhardt, 1996
(Kinder sind Kinder ; Bd. 7)
ISBN 3-497-01404-4
NE: GT

ISSN 0720-8707

Printed in Germany

Inhalt

1. Einleitung

Es gibt eine ganze Reihe von Fachbüchern über Bewegungsstörungen bei Kindern. Sie sind jedoch leider für Eltern im allgemeinen weder zugänglich noch verständlich. Das darin gebrauchte Vokabular, das zumeist lateinischen oder griechischen Ursprungs ist, setzt Fachkenntnisse voraus, wie sie nur bei Experten zu erwarten sind. Da wird, statt von Bewegung, von Motorik gesprochen, und die Fachleute heißen dementsprechend Motologen, Motopäden, Motopädagogen oder Mototherapeuten.

In dieser Elternfibel wird auf schwierige Fachausdrücke verzichtet. Statt dessen sollen die Probleme des ungeschickten Kindes anhand von Beispielen verdeutlicht werden. Vor allem geht es darum, aufzuzeigen, was man dagegen tun, welche konkreten Hilfen man anbieten kann.

Fragen wir uns aber zunächst einmal, was unter Bewegungsungeschick zu verstehen ist und welche Ursachen dabei eine Rolle spielen. Auch soll aufgezeigt werden, welche Folgen und Auswirkungen die Ungeschicklichkeit für die Entwicklung des Kindes haben kann. Und schließlich wird es Eltern interessieren, wie man Bewegungsstörungen erkennen kann und welche Fachleute dabei zu Rate gezogen werden können.

Am Schluß des Büchleins findet der Leser altersbezogene Übungsvorschläge für die häusliche Situation mit Hinweisen auf einfach herzustellende Materialien und Geräte.

So ist es das Anliegen des Autors, durch entsprechende Information mehr Verständnis für die Probleme des bewegungsauffälligen Kindes zu erreichen. Das gilt in erster Linie für Eltern als diejenigen, welche zuerst mit den Problemen ihrer Kinder konfrontiert werden. In zweiter Linie geht es darum, Erzieher und Lehrer zu informieren, um auch sie zum Anwalt dieser Kinder zu machen, damit ihr Lebensweg aufgrund einer mehr oder weniger ausgeprägten Bewegungsbeeinträchtigung nicht zu einem Leidensweg wird.

2. Wie sich Ungeschicklichkeit zeigt

2.1. Bewegungsentwicklungsverzögerung

Ungeschickte Kinder bleiben in ihrer Bewegungsentwicklung hinter der Altersnorm zurück. Sie lernen verspätet laufen, manchmal erst mit 1½ Jahren oder später. Vor allem bleiben sie länger als andere Kinder gleichen Alters unsicher bei ihren Unternehmungen innerhalb der elterlichen Wohnung. Sie haben beispielsweise Angst, auf Stühle oder Leitern zu klettern. Beim Treppensteigen halten sie sich viel länger als ihre Altersgenossen am Geländer fest. Sie gebrauchen dabei lange Zeit hindurch ihre Füße nicht im Wechsel, sondern setzen immer das gleiche Bein vor und ziehen das andere nach. So vollzieht sich die motorische (bewegungsmäßige) Umwelteroberung insgesamt langsamer als bei anderen Kindern.

2.2. Mangel an Bewegungskontrolle

Wenn ein Kind Schwierigkeiten hat, seinen Körper im Gleichgewicht zu halten und seine Bewegungen zu kontrollieren und zu steuern, dann sagt man: dieses Kind ist ungeschickt. Es wird beispielsweise öfter beim Laufen stolpern und hinfallen, als das andere Kinder im gleichen Alter tun.
Man bezeichnet solchermaßen ungeschickte Kinder auch als koordinationsgestört. Unter Koordination versteht der Fachmann das Zusammenwirken von Nerven und Muskeln bei einer Bewegung. Diese Fähigkeit ist beim Kind altersabhängig. Ein jüngeres Kind ist noch nicht in der Lage, seine Muskeln so fein abgestimmt, d. h. koordiniert zu gebrauchen, wie das einem älteren Kind bereits möglich ist.
Beim ungeschickten Kind ist die Bewegungskoordination jedoch gestört. Seinen motorischen Unternehmungen haftet etwas Tapsiges, Steifes, Eckiges an. Manche dieser Kinder sind schwerfällig, plump, unbeholfen und umständlich. Andere wieder bewegen sich fahrig und hastig und sind nie richtig bei der Sache. Im einzelnen kommen folgende Erscheinungen vor:

2.3. Das schlaffe Kind

Müttern fällt zuweilen schon im Babyalter die muskuläre Schlaffheit ihres Kindes auf. Es ist kraftlos und wabbelig wie Pudding und wirkt dadurch träge und faul. Für den gewissenhaften Kinderarzt ist dieses Erscheinungsbild Anlaß zu einer genauen körperlichen und neurologischen Untersuchung.
Es gibt aber auch Kinder, bei denen dieser Kraftmangel nur gering ist und deshalb lange unerkannt bleibt. Er fällt erst auf, wenn sie beim Hüpfen und Springen Schwierigkeiten haben. Ihnen mangelt es an Schnellkraft. Auch beim Laufen fehlt es oft an Spritzigkeit. Sie sind in allem langsam und lahm.

2.4. Das steife Kind

Steifheit, Staksigkeit und Tolpatschigkeit sind geradezu typische Zeichen des kindlichen Ungeschicks. Die Bewegungen solcher Kinder verlaufen kantig, eckig, holperig, linkisch und ruckhaft, mit abrupten Übergängen. Man sieht das vor allem beim Laufen, Springen, Werfen, Klettern, d. h. bei allen großräumigen Bewegungsvollzügen.
Steife Kinder verfügen – anders als das schlaffe Kind – über genügend Kraft. Es fehlt ihnen aber an Gelenkigkeit, Gewandtheit und Wendigkeit. Ihre Bewegungen sind nicht flüssig und abgerundet. Sie sind, statt durch Weichheit, durch Härte und Eckigkeit gekennzeichnet.

2.5. Das verspannte Kind

Die höchste Form der Verspanntheit ist die Verkrampfung, wobei man unwillkürlich an Spastiker denkt. Während schwere Spastik schon im Säuglingsalter deutlich erkennbar ist, gibt es eine leichte Form, die sogenannte Minimalspastik. Sie wird leider leicht übersehen. Mitunter zeigt sie sich erst, wenn das Kind Treppen steigt, auf einem Bein hüpft oder schnell zu rennen versucht und sich dabei besondere Mühe geben will.
Im Schulalter fallen diese Kinder durch Verkrampfungen beim Halten des Schreibstiftes auf. Durch das starke Anpressen der Finger

werden die Fingerkuppen ganz weiß. Der Schreibdruck nimmt ständig zu. Die Schrift will nur langsam vorangehen. Das Kind kommt beim Diktatschreiben in Zeitnot, wodurch es sich nur noch mehr verkrampft. Verspannung ist somit letztlich auch Ausdruck von Ängsten und Hemmungen. So ist das ungeschickte Kind häufig auch ein zaghaftes, unsicheres und ängstliches Kind. Körperliches und Seelisches beeinflussen sich hier gegenseitig.

2.6. Das zappelige Kind

Wir alle kennen sie: diese von innerer Unruhe getriebenen, rastlosen und »wibbeligen« Kinder. Sie sind ständig in Bewegung, können nicht stillsitzen und scharren beim Sitzen mit den Füßen unruhig über den Boden. Der stuhlkippelnde »Zappelphilipp« ist seit dem Struwwelpeter-Buch allgemein bekannt. Die nervöse Bewegungsunruhe ist ein pädagogisches Problem von höchster Brisanz, an dem oft Eltern und Erzieher gleichermaßen verzweifeln. Es wird deshalb in einem gesonderten Kapitel (»Klaus-Dieter kann nicht stillsitzen«) noch darauf eingegangen.
Das unruhige Kind zeigt, wenn man von seiner Zappeligkeit einmal absieht, keine so deutlichen Bewegungsauffälligkeiten, wie wir das von anderen Erscheinungsbildern der Ungeschicklichkeit her kennen. Es ist im allgemeinen flink und wendig und klettert gewandt überall herum. Das darf aber nicht darüber hinwegtäuschen, daß diesen Kindern die »Feinsteuerung« ihrer Bewegungen schwerfällt. Das zeigt sich z. B. beim Balancieren, beim Trampolinspringen und vor allem auch bei handgeschicklichen Leistungen, so beim Basteln, Malen, Ausschneiden usw. Man spricht hier von einer feinmotorischen Koordinationsstörung.
Manche dieser nervlich »überdrehten« Zappelphilippe leiden außerdem an eigenartigen Zuckungen, die nicht ihrem Willen unterworfen sind. Selten handelt es sich dabei um Tics. Während die zuckenden Bewegungen beim Tic immer in gleicher Weise ablaufen, treten hier die Zuckungen unregelmäßig und an verschiedenen Körperteilen auf. Man kennt Gesichtszuckungen (unwillkürliches Grimassieren), aber auch in den Arm- und Schulterbereich förmlich einschießende unkontrollierte Impulse. Letztere ähneln manchmal den beim Veitstanz auftretenden Extrabewegungen. Obwohl sie im Grunde nichts

mit dem eigentlichen Bewegungsablauf zu tun haben, können sie die motorische Koordination doch erheblich stören. Ähnlich verhält es sich mit leichten unbeabsichtigten Gliederverdrehungen und wurmartig gewundenen, zähflüssigen Extrabewegungen, die – wie die Zukkungen auch – die mimische Muskulatur des Gesichts nicht verschonen.

3. Welche Ursachen zugrunde liegen können

Wie das Beispiel des verspannten Kindes gezeigt hat, wirken oft körperliche und seelische Ursachen zusammen. Zaghaft-ängstliches Verhalten hindert das Kind daran, seinen Körper und seine Hände umwelterobernd zu gebrauchen. Und wenn es sich tatsächlich überwindet und trotz seiner Angst einen Versuch wagt und z. B. über einen Balken oder eine Mauer balanciert, so wirkt sich seine starke Muskelverspannung behindernd aus. Hier liegt die Ursache des Bewegungsungeschicks im Psychischen begründet. Vielleicht hat das Kind früher einmal schmerzliche Erfahrungen gemacht, ist irgendwo heruntergefallen oder von anderen gehänselt oder ausgelacht worden.

Wie die später noch zu schildernden Fallberichte zeigen werden, gibt es weitere Gründe für die Entstehung der Ungeschicklichkeit im Kindesalter. Selbstverständlich wirken sich längere Krankheiten, Heimaufenthalte oder andere ungünstige soziale Situationen negativ auf die Bewegungsentwicklung aus. Es fehlt dann an altersgemäßer Auseinandersetzung mit der Umwelt über entsprechende Bewegungserfahrungen. Auch können im Einzelfall Begabungsmängel eine Rolle spielen, welche in körperlichen Krisenzeiten (Längenschub) noch verstärkt werden können.

Als organische Ursache für Bewegungsmängel sind häufig leichte, oft unerkannte Funktionsstörungen des Gehirns verantwortlich zu machen. Solche leichten Beeinträchtigungen der Gehirnfunktion können durch medikamentöse oder andere Einwirkungen während der Schwangerschaft bzw. durch Sauerstoffmangel bei der Geburt entstehen oder durch eine im ersten Lebensjahr durchgemachte Infektion mit begleitender Hirnentzündung verursacht werden. Die Diagnose MCD (Minimale Cerebrale Dysfunktion) stützt sich allerdings oftmals mehr auf vage Vermutungen als auf konkrete neurologische Befunde.

Funktionsstörungen des kindlichen Gehirns beschränken sich im wesentlichen auf die älteren Stammhirnanteile. Da zumeist keine Schädigung der Hirnrinde zugrundeliegt, erleidet die Intelligenz dieser Kinder im allgemeinen keine Einbuße. Bei an sich guten geistigen

Fähigkeiten leiden sie aber an Lern- und Verhaltensstörungen. Ihre geringe Konzentration, ihre Ablenkbarkeit und schnelle Ermüdbarkeit, gepaart mit schlechter Gefühlssteuerung und Verhaltenskontrolle, läßt sie oft in der Schule versagen und zum Problemkind werden.

Wir erkennen aus dem bisher Gesagten schon den Zusammenhang zwischen Bewegungsstörungen, Lern- und Verhaltensstörungen. Als Grundursache sind häufig hirnorganische Funktionsbeeinträchtigungen, sogenannte cerebrale Integrationsstörungen anzunehmen. Sie werden verstärkt durch ungünstige Umwelteinwirkungen wie Unverständnis, Überforderung, ungerechte Strafen usw.

Es ist für Eltern gewiß nicht leicht zu akzeptieren, daß ausgerechnet ihr Kind von einer solchen Störung, die ja meist als Makel empfunden wird, betroffen ist. Ein bildhafter Vergleich mag da hilfreich sein: Ein solches Kind kann mit einem Klavier verglichen werden, vielleicht sogar mit einem Flügel, aus der besten Fabrik geliefert. (Es sind dem Kind also ausgezeichnete Erbanlagen von seinen Eltern mitgegeben worden.) Nur hat man auf dem Transport das wertvolle Instrument unabsichtlich fallen gelassen, wobei es zu leichten Beschädigungen gekommen ist.

Wenn man nun einzelne Töne auf der Klaviatur anschlägt, so wird daraus die Güte des Instrumentes deutlich. Dazwischen liegen aber ein, zwei oder drei dissonant klingende Tasten. Wenn man nun das Ganze spielt, so stößt man immer wieder auf einen dieser Fehltöne, welcher das Zusammenspiel (sprich: Koordination) empfindlich stört.

4. Folgen und Auswirkungen – und was man dagegen tun kann

Fachleute, vor allem Ärzte mag es interessieren, wodurch es zu dieser Transportpanne mit dem »Klavier« kam und auf welche Weise der innere Mechanismus gestört ist. Für Eltern und Pädagogen ist es viel wichtiger, die Art der funktionalen Auswirkungen, d. h. der Beeinträchtigung des »Klavierspiels« zu erkennen. Das heißt, wir müssen beobachten, wo unser Kind beim Zusammenspiel all seiner körperlichen und geistig-seelischen Kräfte und Fähigkeiten Mühe hat.

Hier müssen wir den Vergleich mit dem Klavier verlassen. Denn – anders als beim Klavier, wo auch wiederholtes Üben die Dissonanzen nicht beseitigen kann – können wir beim Menschen, und vor allem beim Kind von außen auf die neurologische Integration des Gehirns Einfluß nehmen. Mit anderen Worten: Die Struktur des Gehirns, seine Integration und Koordination verbessert sich in dem Maße, in dem das Kind seine Funktionen übt. Dabei ist nicht einseitiges, stures Üben im Sinne von Pauken oder gar in Form von Dressur gemeint, sondern der aktive, handelnde Umgang mit der Welt.

Die Umwelt stellt die »Bewegungsfragen«, und das Kind antwortet auf diese Herausforderung. Die Rutsche, der Baum, fordern zum Hinaufklettern auf, der Bach zum Überspringen, die Mauer, der umgefallene Baum zum Balancieren, der Ball oder Luftballon zum Schlagen oder Kicken. Bei all diesen Unternehmungen paßt sich das Kind der jeweiligen Umweltsituation an, indem es sich zunächst mit Hilfe seiner Sinne orientiert (= Wahrnehmung).

Der nächste wichtige Schritt wird über die Motivation vollzogen. Das Kind sieht den Ball auf sich zurollen und zeigt sich motiviert (d. h. es findet einen »Beweg«-Grund), darauf zuzugehen und den Ball zu nehmen. Dabei entsteht eine starke innere Gefühlsbeteiligung; das Kind jauchzt vor Vergnügen, wenn es ihm gelungen ist, den Ball zu stoppen und in seinen Besitz zu bringen. Wir sehen daran, wie wichtig es bei jeder Art von Lernen ist, daß der Lernende Spaß am Lernen hat und daß seine Bemühungen von Erfolg gekrönt sind.

Was nicht so ohne weiteres erkennbar wird, ist die Tatsache, daß

jeder Bewegungshandlung, jedem motorischen Lernvorgang geistige Arbeit vorausgehen muß. Ehe es antwortet (ob sprachlich oder bewegungsmäßig), muß das Kind die Situation richtig einschätzen und beurteilen. Es muß z. B. erkennen, daß der Ball mit einer bestimmten Geschwindigkeit und in einer bestimmten Richtung durch den Raum rollt. Und es muß beurteilen, ob es sinnvoll ist, dem Ball entgegen- oder hinterherzurennen und schließlich wann der Zeitpunkt gekommen ist, sich zu bücken, um den Ball zu ergreifen.
Dieses Beispiel sollte verdeutlichen, daß menschliches Handeln einerseits Bewegung ist (wobei Bewegungsstörungen durch vielfältige Handlungsangebote im Elternhaus, auf dem Spielplatz und im Kindergarten mit der Zeit zu kompensieren sind). Andererseits muß eine Handlung, nach vorausgegangener gründlicher Orientierung, vorausgedacht, vorgeplant werden, so daß hier ebenfalls geistige Fähigkeiten geübt werden. Und drittens nimmt das Kind mit seiner gesamten Persönlichkeit, mit seinem ganzen Gefühl daran teil.
Es ist wissenschaftlich erwiesen, daß sich diese Komponenten oder Variablen (Bewegung, Wahrnehmung, Intellekt und Gefühl) nicht nur gegenseitig ergänzen, sondern auch in Wechselbeziehung stehen. Eines hängt vom anderen ab und wird davon beeinflußt, und das sowohl im negativen wie im positiven Sinne. Liegt beim Kind eine optische Wahrnehmungsstörung vor, so wird es möglicherweise vorbeigreifen. Eine Störung der Bewegungskoordination hat ähnliche Handlungsbeschränkungen zur Folge. Zappeligkeit hindert ein Kind daran, aufmerksam zu sein und exakt wahrzunehmen.
Von daher ist die Tatsache zu verstehen, daß es über vielfältige, variable Bewegungsanforderungen mit der Zeit gelingt, auch geistige Lernstörungen günstig zu beeinflussen. Die Ergebnisse langjähriger Untersuchungen zeigen, daß bei lernbehinderten Kindern noch bis zum Alter von 10 bis 12 Jahren ein positiver Transfer, d. h. ein günstiger Fördereffekt von der Motorik auf die Schulleistungen zu erwarten ist. Das heißt, diese Kinder lernen besser, sind aufmerksamer und freudiger im Klassenunterricht bei der Sache, wenn bei ihnen zusätzliche Bewegungsfördermaßnahmen ergriffen werden.
Was hier unter Bewegungsförderung verstanden wird, ist nicht der übliche Sportunterricht, eine spezielle Gymnastik oder gar orthopädisches Turnen. Es ist nicht Motorik allein, sondern eben Psycho-Motorik. Geistig-Seelisches und Körperliches bilden hier eine Einheit. Es ist die Funktionseinheit aus Wahrnehmen, Fühlen, Denken

und Handeln. Der ganze Mensch als Persönlichkeit soll sich über seine Bewegungsorgane sinnvoll handelnd mit der Umwelt auseinandersetzen. Nur so kommt es zu der oben beschriebenen günstigen psycho-motorischen und motorisch-psychischen Wechselwirkung.

5. Wie man Ungeschicklichkeit feststellt

Vielen Eltern, die innerhalb einer Geschwisterreihe ein ungeschicktes Kind haben, fällt sowohl sein Entwicklungsrückstand als auch die Andersartigkeit seiner Bewegungen, bedingt durch die motorische Störung, auf. Sie vergleichen seinen Leistungsstand im Bewegungsbereich mit dem seiner älteren Geschwister, als diese im gleichen Alter waren. Manchmal wird das Kind erst im Kindergarten auffällig, wenn es beim Spiel mit den anderen nicht mithalten kann und wegen seiner Tolpatschigkeit gehänselt wird. Erzieherinnen fallen oft schon Kleinigkeiten auf. Sie haben bei Bewegungsauffälligkeiten immer den Vergleich mit anderen Kindern vor Augen. So entdecken sie sehr schnell, wenn ein Kind unruhig und überaktiv ist, wenn es Balanceunsicherheiten zeigt, beim Malen den Stift nicht halten kann oder sein Stühlchen nicht auf den Tisch zu heben vermag.

Solche Beobachtungen sollten immer Anlaß sein, um beizeiten kinderärztlichen Rat einzuholen. Wenn der Termin der für das 4. Lebensjahr vorgesehenen kostenlosen Vorsorgeuntersuchung noch nicht verstrichen ist, so sollte er unter allen Umständen wahrgenommen werden. Leider wird von dieser Möglichkeit (z. B. auch der Termin kurz vor dem 2. Lebensjahr) viel zu wenig Gebrauch gemacht. Andererseits ist es so, daß leichte Bewegungs- und Koordinationsstörungen bei Vorsorgeuntersuchungen nicht immer entdeckt werden. Das gilt vor allem für die Untersuchungstermine während des ersten Lebensjahres.

Sind die Kinder älter, so sollten Eltern ihren Kinderarzt bitten, daß außer der körperlichen und neurologischen Untersuchung auch Bewegungs- und Wahrnehmungstests durchgeführt werden. Besteht dazu in der betreffenden Arztpraxis keine Möglichkeit, so müßte der Kinderarzt gebeten werden, das auf eine Bewegungsstörung verdächtige Kind an eine entsprechende Institution oder einen Bewegungsfachmann zu überweisen.

Die Möglichkeit zur Durchführung solcher Tests besteht in manchen städtischen Beratungsstellen, deren Adressen über das städtische Gesundheitsamt zu erfahren sind. Auch die Ambulanzen mancher Kinderkliniken bzw. auch kinderpsychiatrischer Kliniken verfügen heute in der Regel über bewegungsdiagnostische und wahrnehmungsdiagnostische Testmöglichkeiten. Ab 5 Jahre (bis 12 Jahre) kann beispielsweise der Körperkoordinationstest für Kinder (kurz KTK genannt) durchgeführt werden. Der FROSTIG-Test der visuellen Wahrnehmung wird sogar schon bei 4jährigen (bis 8jährigen) angewendet. Beide Tests sind geeignet, etwas genauere Angaben darüber zu machen, ob bei einem Kind Bewegungsfördermaßnahmen notwendig sind.

Krankengymnastische Behandlung ist bei älteren Kindern nur in Ausnahmefällen notwendig. Im allgemeinen wird hier eine psychomotorische Gruppenbehandlung durchaus genügen, um die Bewegungs- und Koordinationsschwächen während eines halben oder eines Jahres wirksam zu bekämpfen. Solche Förderangebote bestehen in den schon genannten Einrichtungen. Sie werden auch an manchen Orten über Vereine, insbesondere Sportvereine, zuweilen auch über Volkshochschulkurse oder an Universitätsinstituten für Sonder- und Heilpädagogik oder Sportpädagogik angeboten.

Die Bewegungsdiagnose darf niemals Selbstzweck sein. Sie dient ausschließlich der Einleitung von Fördermaßnahmen. Je mehr Anhaltspunkte über Beobachtung, über neurologische Untersuchungsmethoden oder motorische Tests gewonnen wurden, desto gezielter kann die Therapie sein. Sie kann, wie die Übungsvorschläge am Ende dieses Buches zeigen, wirksam unterstützt werden durch häusliche Bewegungsanregungen.

6. Harald fürchtet sich vorm Sportunterricht

Der zehnjährige Harald S. packt seine Butterbrote in den Schulranzen. »Vergiß dein Turnzeug nicht«, erinnert ihn die Mutter. »Ja, Ja!« knurrt Harald mißmutig und nimmt gedankenverloren seinen Beutel mit dem Turnzeug vom Haken.
Als er der Mutter Lebewohl sagt, stehen ein paar Tränen in seinen Augen. Denn der Tag, an dem Sportunterricht auf seinem Stundenplan steht, ist für ihn kein Freudentag wie bei den übrigen Kindern seiner Klasse. Zu oft schon hat er erfahren müssen, daß er von den andern ausgelacht wurde, wenn ihm die geforderten Übungen nicht gelingen wollten. So sehr er sich auch anstrengte, seine Muskeln gehorchten ihm einfach nicht. Es ging ihm alles so schwer von der Hand.
Schließlich verspannte er sich innerlich und äußerlich derart, daß sein Bemühen von vornherein zum Scheitern verurteilt war. Diese ständigen Mißerfolge, die Ermahnungen seines Sportlehrers, sich Mühe zu geben – was er doch ohnehin tat –, und der Spott, den er von seinen Mitschülern erdulden mußte, all das entmutigte Harald so sehr, daß er nur mit Angst und Schrecken an die Turnstunde dachte.
Er hatte seinen Eltern schon mehrmals davon berichtet. Aber an diesem Morgen, da übermannte es ihn plötzlich, und er fing bitterlich zu weinen an. Und er bat die Mutter inständig, ihm doch für den Turnunterricht eine Entschuldigung zu schreiben, damit er nicht mitzumachen brauche. Es seien ja noch zwei Jungen aus seiner Klasse vom Sport befreit.
Frau S. gelang es zwar für diesmal, ihren Harald zur Teilnahme zu bewegen. Aber sie nahm sich vor, mit seinem Lehrer zu sprechen. Sie tat es noch am selben Tage.

Was der Sportlehrer dazu sagt

Haralds Sportlehrer bestätigte ihr, daß der Junge ausgesprochen schwerfällig, langsam und tolpatschig sei, fügte aber hinzu, daß deshalb gerade er den Turnunterricht besonders nötig hätte. Vielleicht

könne er zusätzlich irgendwo bei einer Gymnastik- oder Rhythmiklehrerin Sonderstunden bekommen; das täte ihm sicherlich gut.
Zum Glück war eine solche freie Lehrkraft am Ort, die für kleinere Gruppen verschiedenen Alters Gymnastikkurse gab. Harald, der anfangs noch mit Bangen hinging, war bald Feuer und Flamme für diese Art spielerischen Tuns. Hier lachte ihn keiner aus. Hier wurden auch keine Leistungen von ihm gefordert. Und trotzdem – oder gerade deswegen – brachte er nach einer gewissen Zeit Übungen zustande, deren Gelingen ihn mit Zutrauen zu sich selber erfüllte.

Ein eigenartiger Vorschlag

»Ihr Sohn hat schon gute Fortschritte gemacht«, sagte die Rhythmiklehrerin bei einem Besuch der Mutter. »Er ist schon sehr viel freier geworden und zeigt nicht mehr solche Hemmungen wie am Anfang. Aber trotz allem ist er im Vergleich mit den Kindern seines Alters immer noch sehr ungeschickt. Ich meine, Sie sollten Harald unbedingt mal einem Arzt vorstellen, vielleicht bei einer Erziehungsberatungstelle oder an einer jugendpsychiatrischen Klinik.«
Die Mutter wehrte zunächst dieses Ansinnen ab. »Wir haben doch keine Erziehungsschwierigkeiten mit dem Jungen; und zu einer Verrücktenanstalt gehe ich erst recht nicht hin.«
»Ein Facharzt für Jugendpsychiatrie hat nichts mit Verrückten zu tun«, wurde die Mutter belehrt. »Man kann dort aber feststellen, ob Ihr Junge nicht vielleicht auf Grund einer organischen Störung so ungeschickt in seinen Bewegungen ist.«

Die ärztliche Untersuchung

Nach längerem Durchdenken dieses Vorschlages und nach Rücksprache mit ihrem Mann fuhr Frau S. eines Tages während der Herbstferien in ein nahegelegenes Früherkennungszentrum.
Die Fragen, die ihr dort gestellt wurden, erstaunten sie zunächst. Der Arzt erkundigte sich eingehend nach dem Verlauf von Schwangerschaft und Geburt.
»Nein, in der Schwangerschaft war alles regelrecht«, meinte die Mutter. »Doch warten Sie, die Geburt war lang und sehr schwierig. Der Junge war richtig blau, als er zur Welt kam.«

Der Arzt forschte weiter. Ja, es stimmte: beim Trinken war Harald so schwach gewesen, daß er immer wieder einschlief. Nach ein paar Wochen mußte er wegen einer schweren Ernährungsstörung in die Kinderklinik.

In seiner Entwicklung war er wohl immer etwas zurück. Schon das Zahnen war bei den anderen – Frau S. hatte noch zwei größere Kinder, die sich normal entwickelt hatten – früher gewesen.

Harald war schon fast ein Jahr, als er allein aufrecht sitzen konnte. Stehen und Laufen lernte er erst viel später: »Zwischen eineinhalb und zwei Jahren etwa«, erinnert sich die Mutter. »Und dann fiel der Junge häufig hin«, ergänzte sie. »Er hatte immer blaue und zerschundene Knie davon.«

Von der Schule war er damals um ein Jahr zurückgestellt worden, weil er so schwächlich war. Er hatte auch häufig Krankheiten durchmachen müssen. »Der Junge kriegt auch zu leicht eine Erkältung weg«, wußte Frau S. zu berichten.

Die Ursache wird gefunden

Harald wurde kinderneurologisch von Kopf bis Fuß untersucht. Nach einer Woche, als Frau S. – diesmal allein – wieder vorsprach, wurden ihr die Untersuchungsergebnisse erläutert.

Durch die neurologische und die Hirnstromuntersuchung, eröffnete ihr der Arzt, sei eine minimale Hirnschädigung festgestellt worden, die sich besonders im Bereich der Bewegung störend bemerkbar mache.

Die Bewegungsprüfung hatte einen Altersrückstand von gut zweieinhalb Jahren ergeben. Dabei war auch eine rechtsseitige Leistungsminderung sichtbar geworden.

Frau S. erinnerte sich, daß die Lehrer in der Schule über Haralds unregelmäßiges und zerfahrenes Schriftbild Klage geführt hatten. Auch war ihr aufgefallen, daß er auf dem rechten Bein lange Zeit fast nicht zu hüpfen vermochte, was sich allerdings später gebessert hatte.

»Das ist ja alles schrecklich. Was kann man denn da tun?« fragte die Mutter den Arzt. Dieser machte ihr klar, daß hier das Hirn wohl durch den vorübergehenden Sauerstoffmangel während der Geburt eine geringe Störung davongetragen habe, die die Ursache für Haralds Bewegungsungeschick sei.

»Es gibt heute leider eine ganze Reihe von Kindern mit einer ähnlichen Vorgeschichte«, erklärte ihr der Kinderneurologe. »Manchmal rühren solche Schädigungen auch von Masern, Keuchhusten und anderen Krankheiten her. Hirnentzündungen, die als Folge von Kinderkrankheiten auftreten können, werden oft gar nicht als solche erkannt. Man merkt dann nur die Veränderung, die mit dem Kinde seit der Erkrankung vorgegangen ist. Gar nicht selten ist außer der Bewegungsfunktion auch die Lernleistungsfähigkeit beeinträchtigt. Das ist dann weit schlimmer für die betreffenden Kinder.«

Was kann man dagegen tun?

Haralds Mutter wurde empfohlen, die Rhythmikstunden ihres Jungen auf jeden Fall fortzusetzen. »Gerade das gestörte Gehirn braucht vielfältige Bewegungsreize, damit das feine Zusammenspiel der Bewegungsfunktionen entsprechend angeregt und gefördert wird. So können die teilweise gestörten Funktionen kompensiert werden.«

Im übrigen gab der Arzt Frau S. einen kurzen Bericht für die Schule zur Information über Haralds körperliche Leistungsbeeinträchtigung. »So wird man Überforderungen, die sich gerade im Sportunterricht leicht ergeben, weitgehend vermeiden können.«

Der Fall Harald ist nur ein Beispiel für viele ähnliche und doch weitgehend vermeidbare Schicksale. Oft ergibt sich nämlich aus der Tatsache des Bewegungsungeschicks für das Kind ein regelrechtes Martyrium. Denn die Mitschüler hacken nun einmal gerade auf denen herum, die in irgend einer Weise anders sind als sie selbst. So können die in ihrer Bewegung beeinträchtigten oder gestörten Kinder leicht zu »Prügelknaben« und Außenseitern der kindlichen Gesellschaft werden.

Im Kindes- und Jugendalter wird der Wert eines Jungen von den anderen an seiner körperlichen Leistungsfähigkeit gemessen. Nur der gilt etwas, der ein guter Fußballspieler, Boxer oder Turner ist. Den Stärksten und Gewandtesten begehren alle zum Freund. Er ist aber gleichzeitig auch der Anführer und manchmal auch der Tyrann, der die Schwachen unterdrückt und peinigt. Es bedarf schon pädagogischen Geschicks, um solch einen Jungen statt zum Unterdrücker zum Beschützer der Schwächeren werden zu lassen.

Außer bei Spiel und Sport offenbart sich das Bewegungsungeschick auch beispielsweise beim Werken und Basteln. »Der Junge hat zwei linke Hände«, klagt mancher besorgte Werkerzieher.

Bei Mädchen, die erwiesenermaßen seltener von einer frühkindlichen Hirnschädigung betroffen werden als Jungen, ist diese Problematik körperlichen Ungeschicks zwar nicht von einer derart zentralen Bedeutung.Dennoch können auch Mädchen ständigen Mißerfolgserlebnissen ähnlicher Art ausgesetzt sein.
Handarbeitsstunden sind ihnen oft ein Greuel, weil es ihnen an dem notwendigen manuellen Feingeschick, an Fingerfertigkeit mangelt. Auch hier kann es vorkommen, daß ein solches Mädchen als Tolpatsch verschrien ist oder daß man ihm mangelndes Interesse oder gar bösen Willen vorwirft. Ähnlich ist es beim Schönschreiben.
Von unschätzbarem Wert sind deshalb verständnisvolle und mit diesen Problemen vertraute Kunst- und Sporterzieher. Sie können so manchem dieser bedauernswerten Kinder viel Leid und Demütigung ersparen, wenn sie erkennen, wo trotz des guten Willens ein motorisches Unvermögen vorliegt.

Der Wert frühzeitiger Fördermaßnahmen

In vielen Schulen gibt es Lehrer, die im Schulsonderturnen ausgebildet sind. (Heute wird im allgemeinen statt von Schulsonderturnen von Sportförderunterricht gesprochen.) Diesen Sportpädagogen ist auf Grund ihrer Lehrbefähigung die besondere Problematik gerade bei Kindern mit Koordinationsschwächen und -störungen geläufig. Darunter versteht man ein schlecht funktionierendes Zusammenspiel der Muskeln in der Bewegung. Aufgabe der Schulsonderturnlehrer ist es, bewegungsgestörte und leistungsschwache Kinder, die nach Weisung des Schularztes in Gruppen zusammengefaßt sind, außerhalb des regulären Unterrichts durch Sportfördermaßnahmen zu fördern.
Von den segensreichen Wirkungen einer rhythmisch-musikalischen Bewegungsschulung war schon im Falle Harald S. die Rede. Es gibt in Deutschland eine ganze Reihe von heilpädagogisch tätigen Rhythmiklehrerinnen, die teils mit Sonderschulen, teils mit Kliniken oder heilpädagogischen Einrichtungen zusammenarbeiten. Auskunft erteilt der »Bundesverband Rhythmische Erziehung e. V.«, Postfach 10 10 03, 5630 Remscheid.
Das Westfälische Institut für Jugendpsychiatrie in Hamm hat in den fünfziger Jahren eine Form kindgemäßer Heilbehandlung durch

Bewegungsübungen entwickelt, die unter dem Namen »Psychomotorische Übungsbehandlung« bekanntgeworden ist (vgl. im Lit.-Verzeichnis unter Hünnekens und Kiphard).
Und selbst die Eltern können eine Reihe von Hilfen geben, indem sie ihre Kinder zum spielerischen Üben ihrer beeinträchtigten Bewegungsfunktionen anregen. Eine Anleitung dazu gibt das kleine Übungsprogramm am Schluß dieses Büchleins.
Die Wirkungen solcher Maßnahmen sind natürlich um so tiefgreifender, je jünger die Kinder sind. Im frühen Kindesalter ist nämlich das Gehirn noch nicht voll ausgereift. Daher sind noch Entwicklungsmöglichkeiten für die Bewegungszentren offen. Je vielfältiger nun die Bewegungsanreize gesetzt werden, um so weitergreifender kann sich eine Nachreifung und Nachentwicklung des Hirns vollziehen; und um so umfassender können Bewegungsungeschicklichkeit und mangelnde Bewegungskoordination ausgeglichen werden.
Die Aussichten dafür sind besonders bei nur minimal ausgeprägten Hirnfunktionsstörungen recht gut, vor allem dann, wenn man *frühzeitig* mit entsprechenden Übungen beginnt.
Außerdem kann zum Trost vieler Eltern gesagt werden, daß auch die Zeit für das Kind arbeitet. Ärztliche Erfahrungen haben ergeben, daß sich meist schon vom zehnten Lebensjahre an die Tolpatschigkeit dieser Kinder im Zuge der nun vollzogenen Hirnreifung wesentlich bessert, besonders natürlich dort, wo entsprechende Übungsmöglichkeiten über den Sportunterricht hinaus geschaffen werden.

Bewegungsungeschick als Warnzeichen

Arzt und Bewegungsdiagnostiker müssen durch Bewegungsprüfungen herauszufinden versuchen, welche Funktionen besonders gestört sind. Manchmal sind es nur Koordinationsstörungen im feinmotorischen Bereich. Hier ist das feine Zusammenspiel der Muskeln bei begrenzten und genau abgemessenen Bewegungen, etwa beim Balancieren oder bei Übungen der Hand- und Fingergeschicklichkeit, beeinträchtigt.
In anderen Fällen ist auch die grobmotorische Leistungsfähigkeit beim Laufen, Hüpfen, Springen und Werfen betroffen. Die Kinder dieser Gruppe fallen dem Laien eher auf als die nur feinmotorisch Gestörten.

Nach den statistischen Untersuchungsergebnissen der letzten Jahre findet man unter Regelschulkindern rund 10% motorisch Ungeschickte. Zwar sind nicht alle diese Kinder hirngestört, aber das Bewegungsungeschick sollte Eltern und Erziehern immer ein Warnzeichen sein. Unbedingt sollten Schul- und Kinderarzt darauf aufmerksam gemacht werden, damit die Ursachen geklärt und eventuelle Hirnstörungen aufgedeckt werden können. Pädiater und Jugendpsychiater sind naturgemäß am engsten mit dieser speziellen Problematik vertraut.

Früherkennung tut not

Es ist eine bekannte Tatsache, daß es vielen Eltern an der richtigen Einschätzung und Beurteilung der altersgemäßen Entwicklung der Bewegungsfähigkeiten ihrer Kinder mangelt. Man kann ihnen daraus keinen Vorwurf machen. Denn wenn man tagtäglich, jahraus jahrein mit dem eigenen Kinde zusammen ist, hat man einfach nicht den notwendigen Abstand zu ihm. Die einzige Möglichkeit ist der Vergleich mit den Geschwistern oder mit gleichaltrigen Spielgefährten und deren Bewegungsentwicklung.
Verständige Mütter kommen in ihrer berechtigten Besorgnis manchmal zum Kinderarzt, um ihm ihre Beobachtungen mitzuteilen:
»Unsere Klara ist jetzt schon bald sieben Jahre und kann sich immer noch nicht allein ankleiden.«
»Was ist nur mit meinem Franz los? Er macht so eigenartige, ausfahrende Bewegungen mit den Armen. Und seit neuester Zeit muß er beim Sprechen immer Grimassen schneiden.«
»Unsere Bärbel hat einen so steifen, staksigen Gang. Und wenn sie mal rennt, dann fällt sie immer gleich hin. Mit ihren fünf Jahren faßt sie beim Treppensteigen noch das Geländer an. Beim Runtergehen ist sie noch ängstlicher.«
»Sehen Sie sich doch mal meinen Vierjährigen an, Herr Doktor. Er setzt seine Füße zeitweise ganz spitz auf, so mit den Zehenballen, statt über die ganze Fußfläche abzurollen. Besonders links tut er das; und ich glaube, das hat sich in letzter Zeit noch verstärkt.«
»Mit unserem Paul stimmt etwas nicht. Der soll nächstes Jahr eingeschult werden. Aber er ist in allem so langsam und schwerfällig. Die Kindergärtnerin sagt, daß er sich nicht gern bewegt. Ich habe beobachtet, daß er manchmal bei seinen Bewegungen richtig zittert.«

Das sind Fragen und Beobachtungen, deren mögliche Ursache nur ein Arzt klären kann. Dabei können ihm neben den üblichen klinischen Untersuchungsmethoden bewegungsdiagnostische Tests und Bewegungsentwicklungsprüfungen von großem Nutzen sein.
Was hinter solchen Bewegungsauffälligkeiten und -rückständigkeiten stecken kann, ist natürlich nur im Einzelfall zu entscheiden. Manchmal sind auch unerkannte Haltungsschäden, Fußschäden oder sogar körperliche Behinderungen die Ursache für eine motorische Minderleistung. Bei auffallender Verschlechterung der Kraft kann es sich auch um eine beginnende Muskelkrankheit handeln.
Wichtig ist, daß die Eltern und Pädagogen ihre Beobachtungen nicht für sich behalten, sondern daß sie an maßgeblicher ärztlicher Stelle davon Mitteilung machen. Und zwar so bald wie möglich, denn Früherkennung ist wichtigstes Gebot!

7. Unser Max traut sich nichts zu

Gottlob ist bei weitem nicht immer eine frühkindliche Hirnschädigung die Ursache, wenn körperliches Ungeschick vorliegt. Betrachten wir im folgenden die Geschichte des siebenjährigen Max L., der seit einem halben Jahr die Grundschule besucht.
Nach einer Elternbesprechung nimmt Fräulein B., Maxens Klassenlehrerin, die Mutter beiseite und berichtet von den Schwierigkeiten, die Max beim Spielturnen bietet.
»Während er geistig durchaus interessiert ist, zieht er sich vor jeder körperlichen Anforderung, gleich welcher Art, zurück. Er ist so zaghaft und gehemmt. Auch in der Pause tobt er nicht herum wie die anderen Kinder.«

Die Mutter erzählt

Im Verlaufe des Gesprächs erfährt die Lehrerin, daß Max schon als kleines Kind immer dazu angehalten wurde, sich recht sittsam zu betragen.
»Unsere Wohnung war so hellhörig. Die Hausleute unter uns klopften immer mit dem Besen an die Decke, wenn unser Max herumtrappelte. Auf die Straße konnten wir ihn auch nicht lassen, schon wegen der vielen Autos. Das war zu gefährlich. Und auf dem Kinderspielplatz um die Ecke, da waren immer so ungezogene und wilde Jungen aus der Nachbarschaft. Das war nicht der richtige Umgang für ihn.«
»Ist er denn nicht im Kindergarten gewesen?«, wollte die Lehrerin wissen.
»Doch, wir hatten es versucht. Aber er hat immer schrecklich geschrien und wollte nicht dort bleiben. So haben wir ihn schließlich herausgenommen. Ich hatte damals deswegen schon Streit mit meinem Mann. Er meint, ich verzärtele den Jungen. Aber ich muß ihn doch vor all diesen Belastungen nach Möglichkeit bewahren, gerade weil er so zart und sensibel ist.«

Ständige Hänseleien

Die Schwierigkeiten mit Max nahmen im Laufe der Schulzeit noch erheblich zu. Bei jeder Kleinigkeit gab er ein Wehwehchen vor. Oder er entzog sich körperlichen Anstrengungen einfach dadurch, daß er bockte und sich strikt weigerte mitzutun. Wenn das nicht half, begann er zu weinen.

Er wurde natürlich deswegen von seinen Mitschülern gehänselt. Sie nannten ihn »Muttersöhnchen« oder schimpften ihn verächtlich »Mädchen«.

Dadurch zog er sich nur noch mehr von den anderen zurück. Seine Mutter bedauerte und bemitleidete ihn und räumte ihm auch weiterhin jedes Hindernis aus dem Weg. Als Max schließlich immer gehemmter, wehleidiger und gemeinschaftsschwieriger wurde, suchte Frau L. auf Anraten der Lehrerin die örtliche Erziehungsberatungsstelle auf. Hier – hoffte sie – würde man die Ursachen dieser sozialen Verhaltensstörung finden und dem Jungen helfen, diesen Schwierigkeiten Herr zu werden. Man kann die Anschrift der zuständigen Erziehungsberatungsstelle in jedem Rathaus (Jugendamt, Gesundheitsamt, Fürsorgeamt) erfragen.

Was die Erziehungsberater meinen

»Er mag nun eben die wilden Spiele der anderen nicht«, entschuldigte ihn die Mutter, als man sie fragte, warum sich ihr Sohn gar nicht an den Sportspielen beteilige.

Die weiteren Untersuchungen und Beobachtungen ergaben, daß Max ganz und gar keinen körperlichen Fehler und auch keine organische Schädigung hatte. Wohl war er in seinen Bewegungsleistungen weit hinter denen seiner Altersgenossen zurück. Er war im Vergleich zu ihnen ungeschickt, weil motorisch unentfaltet und ungeübt. Denn er hatte ja kaum Gelegenheit gehabt, seine Funktionen spielerisch zu üben und Bewegungserfahrungen zu sammeln. Infolge dieses weitgehenden Mangels an Gelegenheit zu körperlicher Betätigung war er in seinen Bewegungen eingeengt und gehemmt. Er traute sich einfach nichts zu.

Kein Wunder, daß die anderen Kinder ihn wegen seines kleinschrittigen Ganges und wegen seiner fast noch kleinkindhaft ungeschickten Bewegungen verlachten.

Man braucht nicht zu betonen, daß hier die Mutter – ohne es zu wollen – mit ihrer Überängstlichkeit und Überfürsorglichkeit hemmend auf die Entfaltung der Bewegungsfunktionen ihres Jungen eingewirkt und ihn praktisch in eine Außenseiterposition gedrängt hatte.

Eine unerwartete Wandlung

Max besuchte ab sofort zweimal wöchentlich die psychomotorischen Übungsstunden der Erziehungsberatungsstelle. Gleichzeitig nahm sich der Psychologe seiner an und ließ ihn im Spiel all das in seiner kindlichen Entwicklung Versäumte nachholen.

In kaum mehr als einem guten Jahr war aus ihm ein ganz anderer Kerl geworden, ein richtiger Junge, frisch und unbekümmert, voller Tatendrang und unbändiger Lust an der Bewegung. Im Verlauf dieser Behandlung wurde die Umschulung auf eine andere Grundschule seiner Stadt veranlaßt, um ihm zusätzlich einen ganz neuen Start zu geben.

Auch seine Mutter wurde »behandelt«. Ihr wurde allmählich klar, was sie falsch gemacht hatte. Und sie begann sich über die echte Jungenhaftigkeit ihre bis dahin so zimperlichen und gehemmten Sohnes zu freuen.

Im darauffolgenden Sommer lernte Max schwimmen und trat später einem Sportverein bei.

Diese Wandlung war vor allem zwei Umständen zu verdanken. Erstens dem, daß die Mutter sich in ihrer Besorgnis und Ratlosigkeit überhaupt an eine Erziehungsberatungsstelle gewandt hatte, und zweitens, daß sie es frühzeitig tat. Einige Jahre später wäre die Fehlhaltung des Jungen in einer Weise verfestigt gewesen, daß eine Heilung wesentlich erschwert worden wäre.

Hier ist noch anzumerken, daß es in jedem Fall empfehlenswert ist, vor dem Beitritt zu einem Turn- oder Sportverein eingehend mit dem Übungsleiter zu sprechen. So kann man vermeiden, daß ein bewegungsgehemmtes oder -gestörtes Kind aus Unkenntnis falsch angefaßt oder gegenüber den geübteren Kindern vernachlässigt wird.

8. Luise, das Heimkind

Als Luise mit neun Jahren zu ihren Pflegeeltern kam und zum erstenmal in ihrem Leben eine Schule in der Stadt besuchen durfte, waren ihr die Klassenkameradinnen sportlich weit überlegen. Ihre Turnlehrerin urteilte über sie: »Gibt sich Mühe, ist aber von Natur aus plump und ungelenk in ihren Bewegungen.«
Luise tat aber bei allem freudig und begeistert mit. Selbst ihr Ungeschick, dessen sie sich im übrigen kaum bewußt war, konnte ihren starken Bewegungsdrang nicht bremsen. Wie erstaunt waren alle, als sie sich im Laufe des Jahres körperlich mehr und mehr zu ihrem Vorteil entwickelte und sogar flinker und gewandter wurde. Auch ihre schulischen Leistungen verbesserten sich zusehends. Nach knapp zwei Jahren gehörte sie zu den besten Sportlerinnen der Klasse.

Entwicklungsrückstände werden aufgeholt

Was war geschehen? Als ein Kind, das im Säuglingsheim und später im Waisenhaus heranwuchs, hatte es nicht die für seine Entwicklung notwendigen Bewegungsanreize gehabt. Dafür hatte einfach die Übungsgelegenheit gefehlt. Die vielen Möglichkeiten zur spielerischen Betätigung von Muskeln und Sinnen, wie sie Kinder normalerweise bei mannigfachen Gelegenheiten draußen im Freien finden, sind leider in den meisten Heimen immer noch nicht zu verwirklichen. Personalmangel, Raummangel und andere Gründe spielen hierbei eine Rolle.
Wo aber die entsprechende Anregung fehlt, da geht die Entwicklung nur im Schneckentempo vor sich. Einzelne kindliche Funktionen liegen brach. Sie sind zum Verkümmern verurteilt, wenn sich nicht doch noch irgendwann die Gelegenheit bietet, diese darniederliegenden naturgegebenen Übungsbedürfnisse zu befriedigen.
Diese Gelegenheit bot sich Luise glücklicherweise im Alter von neun Jahren, also in der Zeit des größten motorischen Lernbedürfnisses. Und sie holte ihren erheblichen körperlichen Entwicklungsrückstand im Laufe zweier Jahre auf.
Luise war nicht »von Natur aus« plump und ungeschickt, wie die Lehrerin anfangs vermutete. Sie war lediglich aus Mangel an

Übungsmöglichkeit ungeschickt geblieben. Ihre wirkliche, normale motorische Leistungsfähigkeit konnte sie erst im Laufe der Zeit beweisen, nachdem sie Gelegenheit zum Üben fand.
Ähnliche Verzögerungen der Bewegungsentwicklung können wir bei Kindern feststellen, die über längere Zeit krank waren. Man faßt die körperlichen und seelischen Folgeerscheinungen, die von einem langen Krankenhaus- oder Heimaufenthalt herrühren, unter dem Begriff »Hospitalismus« zusammen.
Wir konnten hier nur auf die körperlichen Folgeerscheinungen eingehen. Es sei aber vermerkt, daß die seelischen oft weit bedeutungsvoller sind, wenn sie auch teilweise mit den körperlichen verknüpft sind. Besonders in den ersten drei Lebensjahren braucht das Kind die liebevolle mütterliche Zuwendung, wenn es nicht Schaden an Leib und Seele nehmen soll. Viele erst später auftretenden Entwicklungs- und Verhaltensstörungen haben hier ihre Wurzeln. Und nicht immer kann ein späteres Nachholen früher Versäumtes wieder wettmachen, wie das bei Luise der Fall war.

9. Heiner hat eine 5 im Turnen

Der zwölfjährige Heiner hat am Sportunterricht keine große Freude. Ihm fällt es schwer, Turnübungen zu erlernen. Er kapiert einfach schlecht. Nicht daß er begriffsstutzig wäre. Er weiß theoretisch recht gut, wie er es eigentlich machen müßte. Aber die Muskeln haben ihren eigenen Willen. Was anderen Kindern seines Alters so leicht und mühelos zufliegt, dazu braucht Heiner eben doppelt so lang. Und bei manchen Übungen, da will es gar nicht recht klappen.
»Ich habe es früher genau so schwer gehabt im Sportunterricht«, tröstet ihn der Vater. »Das liegt uns eben nicht.« Und er hat nicht unrecht mit dieser Feststellung. Wie es auf geistigem Gebiet Talente und Minderbegabungen gibt, so verhält es sich zweifelsohne auch mit der Körpergeschicklichkeit.
Herr K. erinnert sich eines Gesprächs, das er vor kurzem mit einem früheren Schulkameraden, der später Sportlehrer geworden ist, geführt hat. Der hatte ihm als Laien diese Zusammenhänge recht verständlich geschildert:

Bewegungsbegabung und Körperbau

»Der bekannte Wissenschaftler Prof. Dr. Ernst Kretschmer, der sich seit Jahrzehnten mit konstitutionsbiologischen Fragen befaßt hat, unterscheidet im Grunde drei Haupttypen des Körperbaus«, so begann der ehemalige Mitschüler zu dozieren. »Da ist einmal der für großräumige Körperbewegungen besonders begabte *Pykniker*, ein gedrungener, rundlicher, beweglicher Typ, dem allerdings handwerkliches Feingeschick zumeist abgeht.
Im Gegensatz dazu steht der überschlanke, hochaufgeschossene, langgriedrige *leptosome* Typ (Astheniker). Er ist in seinen großräumigen Bewegungen nicht sehr geschickt, eher eckig und steif. Und er neigt zu Verspannungen. Dagegen verfügt er über ein recht gutes Hand- und Fingergeschick.
Zwischen beiden Typen steht der muskulöse *Athletiker*, der sich trotz seiner großen Kraft und trotz guter motorischer Lernfähigkeit ein wenig langsam, grob und schwerfällig bewegt.

Diese Typen sind natürlich in Wirklichkeit selten anzutreffen. Mischtypen sind viel häufiger.«
»Welchem dieser Typen neigt denn nun mein Sohn Heiner zu?«, wollte Herr K. wissen.
»Heiner und du selbst, ihr neigt mehr dem leptosomen Körperbautyp zu. Deshalb euer relatives Ungeschick bei Turnübungen.«

Kann man mangelndes Bewegungstalent durch Übung wettmachen?

»Ist das so unabänderlich, daß man trotz allen Mühens keine Erfolge erringen kann?«, fragte der Vater weiter.
»Nein, so ist das auch wieder nicht«, lachte der Sportlehrer. »Sieh mal, ich habe bei meinen Schülern häufig motorisch Untalentierte gehabt, die es trotzdem zu recht guten Leistungen brachten. Sie müssen natürlich intensiver trainieren als die von Natur aus Bewegungsbegabten. Aber wenn diese Jungen sich erst mal für irgend eine Sportart begeistert haben, dann üben sie auch unermüdlich. Denn irgendwann kommt der Punkt, an dem auch der Bewegungsunbegabteste merkt, daß er vorwärtskommt und damit Leistungen vollbringen kann, die er selbst anfangs nie für möglich gehalten hatte.
Weißt du, ich sehe eine der wichtigsten Aufgaben für uns Leibeserzieher darin, gerade diejenigen Kinder, die es im Sportunterricht schwerer haben als andere, an diesen Punkt der Erkenntnis zu bringen. Von da an brauchen sie uns eigentlich kaum mehr.«
Dieses Gespräch gab Heiners Vater zu denken. Aber er überlegte nicht nur, sondern er handelte. Mit Beginn des Frühjahrs ließ er in seinem Garten ein Reck errichten. Und er verstand es, zwei der besten Turner aus Heiners Klasse zum regelmäßigen Besuch in seinem Hause zu bewegen. Das Reck wurde dabei fleißig benützt; und als Gegenleistung brachten sie Heiner nach und nach eine ganze Anzahl schwieriger Turnübungen bei.
Im Herbstzeugnis war Heiners 5 in den Leibesübungen verschwunden. Und er war nicht wenig stolz darauf. Er hatte jenen Punkt erreicht, von dem der befreundete Sportpädagoge gesprochen hatte. Und das, obwohl ihm das Turnen eigentlich nicht lag.
Die Geschichte ist aber hier noch nicht zu Ende. Denn Heiner und seine beiden Turnerfreunde machten im darauffolgenden Sommer während eines Ferienlagers Bekanntschaft mit dem Trampolinturnen.

Denn es gibt wohl kein Übungsgerät, das Jung und Alt in gleicher Weise begeistert und fesselt. Aber es gibt auch kein Gerät, welches das Muskelzusammenspiel in gleicher Weise herausfordert und schult und den Übenden somit zu Geschicklichkeit und Bewegungsanpassung führt. Es darf aber nicht verschwiegen werden, daß das Trampolinspringen nicht ungefährlich ist. Heute bieten aber eine Reihe von Sportvereinen die Möglichkeit zum sicheren Erlernen dieser Sportart.
Kein Wunder, daß der einstmals so ungeschickte Heiner heute ein begeisterter und vielseitiger Sportler ist. Seine 2 im Sport und die Anerkennung und Bewunderung seitens seiner Kameraden erfüllen ihn mit Stolz und Selbstvertrauen.

10. Warum Reinhard plötzlich so ungeschickt ist

Der fast vierzehnjährige Reinhard M. ist ein begabter Schüler. Er besucht das Gymnasium einer Großstadt. Seit einem Jahr ist er mächtig in die Länge geschossen, ohne daß das Breitenwachstum damit Schritt hielt. Den Eltern fiel auf, wie er seit dieser Zeit immer ungelenker und schlaksiger wurde.

»Der Junge stolpert über seine eigenen Beine«, sagt der Vater. »Er ist unsicher und unbeholfen in seinen Bewegungen geworden. Alles ist grob, plump und kraftlos. Die Arme schlenkern bei ihm am Körper herum, als wüßte er nicht recht, was er damit anfangen soll.«

Auch die Lehrer haben ähnliche Beobachtungen gemacht. Aber sie sehen so etwas häufiger bei Jungen in Reinhards Alter. Der Klassenlehrer, mit dem sich Herr M. bespricht, rät zu einer Konsultation bei einem ihm bekannten tüchtigen Sportarzt.

Dr. X. ist mit diesen Problemen vertraut. Nach eingehender Untersuchung kann er den Vater beruhigen: »Reinhard steckt mitten in der zweiten, der sogenannten puberalen Gestaltwandelphase. Infolge des stark einsetzenden Längenwachstums ist die bisherige Harmonie seiner körperlichen Gestalt verloren gegangen. Rumpf, Arme und Beine haben andere Längenverhältnisse bekommen. Nerven und Muskeln müssen erst wieder lernen, sich auf die neuen Gegebenheiten einzustellen.

Daher geht diese disharmonische Übergangszeit sehr oft einher mit ungeschickten Bewegungsentgleisungen, Impulssteigerungen oder auch mit Bewegungsschlaffheit. Dies umso mehr, je beschleunigter – vor allem im Hinblick auf das Längenwachstum – die Entwicklung verläuft.

Normalerweise findet das alles wieder in die gewohnten Geleise, wenn die Gestalt sich wieder stabilisiert hat. Bei Jungen ist das gewöhnlicherweise um das 17./18. Lebensjahr, bei Mädchen meist schon wesentlich früher der Fall.«

»Herr Doktor, Sie sprechen von der zweiten Gestaltwandelphase, die bei meinem Jungen wohl recht extrem zu verlaufen scheint. Gibt es denn schon vorher einen Gestaltwandel?«
»Ja! Der erste Gestaltwandel vollzieht sich so um das Schuleintrittsalter herum. Der verstorbene Arzt und Forscher Dr. Zeller hat die dabei stattfindende Verschiebung der Körperproportionen von der kleinkindhaften Tonnenform des Rumpfes bis hin zur gestreckten Gestalt des Schulkindes eingehend beschrieben. Wir finden also auch da ein gesteigertes Längenwachstum. Nur verläuft es nicht so extrem, wie das bei der zweiten Gestaltwandelphase vorkommen kann.«
»Wenn ich Sie recht verstehe, dann ist also in diesen Wandlungszeiten, vor allem wenn sie mit gesteigertem Längenwachstum einhergehen, körperliches Ungeschick durchaus die Regel.«
»Ja, das kann man bei Wachstumsdisharmonien fast durchwegs feststellen. Aber deshalb ist das motorische Ungeschick in diesen Wandlungszeiten doch nicht ohne weiteres als normal anzusehen. Es kann nämlich auch andere Ursachen haben. So können Hirnfunktionsstörungen lange Zeit hindurch verborgen bleiben und dann während der Gestaltwandelzeit als Bewegungsstörung sichtbar werden. Das gilt in besonderem Maße für den ersten Gestaltwandel im Schuleintrittsalter. Es ist eine Tatsache, daß in diesen körperlichen Umbruchszeiten organisch verursachte Bewegungsstörungen viel deutlicher als sonst in Erscheinung treten.«
»Wie unterscheidet sich denn eine solche Bewegungsstörung, die auf einer Hirnfunktionsstörung beruht, von der nur entwicklungsbedingten Ungeschicklichkeit?«
»Das ist für den Laien fast nicht zu unterscheiden«, antwortet Dr. X. dem wißbegierigen und offensichtlich an diesen Dingen interessierten Vater. »Selbst dem Bewegungsdiagnostiker bereitet die Feststellung einer möglicherweise organisch verursachten Störung der Bewegungskoordination einige Schwierigkeiten. Man kann diese Frage am besten im Verein mit anderen klinischen Untersuchungsbefunden klären.«
»Gibt es denn spezielle Testmethoden zur Prüfung der kindlichen oder jugendlichen Bewegung?«
»Durchaus! Dem Bewegungsdiagnostiker stehen motorische Tests vor allem zur Prüfung der Bewegungskoordination zur Verfügung.

Beim Körperkoordinationstest für Kinder (KTK) wird z. B. die Fähigkeit geprüft, rückwärts über schmale Balken zu balancieren oder die Schnelligkeit, mit der seitlich über eine Bodenlatte gehüpft wird bzw. wie schnell man sich auf zwei kleinen Standbrettern im Raum vorwärtsbewegen kann. Beim einbeinigen Überhüpfen verschiedener Höhen schließlich wird man auf Seitenunterschiede in den Bewegungsfähigkeiten achten, die manchmal auf einseitige Hirnstörungen hinweisen können.
Diese Feststellungen sind allerdings im Jugendalter viel schwieriger zu treffen als im Kindesalter. Das hängt damit zusammen, daß leichtere Bewegungsstörungen mit fortschreitender Bewegungsentwicklung oft weitgehend kompensiert worden sind und deshalb nicht mehr so deutlich in Erscheinung treten.«
Dr. X. rät dem Vater anschließend, sich doch einmal mit Reinhards Sportlehrer in Verbindung zu setzen. »Denn«, so fügt er hinzu, »gerade der Leibeserzieher wird Ihnen als Praktiker gewiß noch manche wertvolle Anregung zur Förderung der Geschicklichkeit Ihres Sohnes geben können.«

Der Einfluß der Leibesübungen

In der Tat vermochte der erfahrene Schulsportlehrer, Studienrat P., dem Vater einige wesentliche Erkenntnisse über den günstigen Einfluß der Bewegungsschulung gerade im Hinblick auf die entwicklungsbedingte Ungeschicklichkeit zu vermitteln.
»Man hat herausgefunden, daß Kinder, die schon vom neunten Lebensjahr an vielseitig sportlich und turnerisch tätig waren, weniger von gestaltlicher Disharmonie in der zweiten Gestaltwandelphase betroffen sind. Bei ihnen halten sich Längen- und Breitenwachstum viel eher die Waage.
Die vielfältigen Bewegungsreize mäßigen weitgehend dieses plötzliche In-die-Länge-Schießen. Man findet zum Beispiel bei jugendlichen Akrobaten, die sich naturgemäß frühzeitig körperlich üben mußten, kaum je eine extreme Beschleunigung des Längenwachstums. Dasselbe gilt für jugendliche Turner, Ringer und Kraftsportler.«
»Das leuchtet mir ein«, wirft Herr M. ein, »aber was macht man, wenn dieses frühzeitige sportliche und turnerische Körpertraining versäumt wurde? Bei meinem Sohn hat doch das beschleunigte Längenwachstum bereits begonnen. Kann man da noch etwas tun?«

»Auch hier lehrt die Erfahrung, daß es mit Beginn der Reifungsvorgänge in der Pubertät noch nicht zu spät ist. Wenn man zu diesem Zeitpunkt ein intensives und möglichst vielseitiges sportliches Training beginnt, kann das schon bestehende Bewegungsungeschick schneller überwunden werden. Auch wird die weitere körperliche Reifung dann immerhin harmonischer verlaufen. Gerade Turnen und Krafttraining vermitteln ausgleichende Wachstumsreize. Der überschlanke Jugendliche bekommt einen breiteren Oberkörper. Aber auch der zum Fettansatz Neigende wird eine athletischere Körperform erreichen können.«
Auf Anraten von Studienrat P. trat Reinhard schon am nächsten Übungsabend dem Kraftsportverein bei. Außerdem besuchte er mit seinem Vater zweimal wöchentlich das Hallenbad, um sich im Schwimmen und Tauchen zu üben.
Heute, zwei Jahre danach, ist der Sechzehnjährige stolzer Besitzer des Grundscheins der Deutschen Lebensrettungsgesellschaft. Er ist der Größte in seiner Klasse, dabei aber breitschultrig und durchtrainiert.
Zu Hause in seinem Zimmer hängen an einem Nagel – wie übergroße Sicherheitsnadeln – zwei BALI-Gymnastikgeräte, die er eifrigst benutzt. Wie Reinhard meint, verdankt er ihnen ein Großteil seiner guten Kondition. Dieser Impander (im Gegensatz zum Expander) wird an seinen beiden Enden gefaßt und gegen den federnden Widerstand leicht und flüssig fortlaufend vor der Brust zusammengeschwungen, wodurch sich die Atmung verbessert und Herz und Muskeln gekräftigt werden.
»Früher mochte ich mich in der Badehose am liebsten gar nicht sehen lassen, weil ich mich wegen meines dürren Oberkörpers schämte. Ich war ein richtiges schmales Handtuch«, bekennt Reinhard lachend. »Und jetzt hab' ich ein Kreuz, beinahe wie ein Kleiderschrank. In der Klasse nennen sie mich aus Spaß ›Tarzan‹. Darin liegt aber Anerkennung und auch ein wenig Neid!«

11. Warum Annegret eine so schlechte Schrift hat

Der Mutter war aufgefallen, daß ihre Tochter Annegret schon als kleines Kind Schwierigkeiten beim Greifen und Hantieren mit Gegenständen hatte. Ihr fiel alles aus der Hand. Sie hielt noch mit 5 Jahren ihren Malstift im Faustgriff, statt zwischen Daumen und Zeigefinger. Und beim Versuch, die Flächen und Figuren in ihrem Malheft auszumalen, gingen die Striche immer über die Begrenzungen hinaus.
Der Kindergärtnerin fiel auf, daß Annegrets Strichführung irgendwie unkontrolliert und fahrig war. Dabei verkrampfte sie bei längerem Gebrauch des Malstiftes ihre Finger mehr und mehr. Sie setzte offensichtlich viel zuviel Kraft ein, wahrscheinlich um ungewollte Bewegungsentgleisungen zu vermeiden. Beim Basteln und Handarbeiten war sie dementsprechend ungeschickt. Zielbewegungen, z. B. beim Auffädeln von Perlen, wollten nur schwerlich gelingen. Und sogar beim Aufeinandersetzen von Klötzen kam es vor, daß sie den gerade aufgesetzten Klotz gleich wieder herunterriß, weil sie die Hand nicht rechtzeitig geöffnet hatte.

Schulische Schwierigkeiten

Das intelligente Mädchen wurde altersgemäß eingeschult, und sie freute sich sehr auf die Schule. Aber hier zeigten sich bald Schwierigkeiten, die sich von Klasse zu Klasse nur noch erhöhten. Annegrets manuelles Ungeschick behinderte sie zunehmend im Kunst- und Werkunterricht. Alle Tätigkeiten des »Handarbeitens« wurden ihr verleidet. Sie war in ihrer Hand- und Fingermotorik langsamer und ungeschickter als die anderen.
Am schlimmsten wirkte sich dies jedoch auf das Schreiben aus. Schönschreiben im echten Sinne war ihr gar nicht möglich. Ihre überschießenden und unkoordinierten Bewegungen ließen ein unregelmäßiges, verkritzeltes und durch ausfahrende Zacken gekennzeichnetes Schriftbild entstehen. Es sah aus, als ob sie ihre Buchstaben

und Worte lustlos, schluderig, unpräzise und unsauber hingeworfen hätte. Kein Wunder, daß ihre Lehrerin ihr mangelnde Leistungsbereitschaft, ungenügende Konzentration, ja sogar Faulheit vorwarf. Aber faul war Annegret gewiß nicht und auch nicht unkonzentriert. Sie gab sich alle erdenkliche Mühe schön zu schreiben. In höchster konzentrativer Angespanntheit gelang es ihr sogar, ein paar Zeilen, vielleicht sogar eine ganze Heftseite hindurch die Buchstaben einigermaßen schön hinzukriegen. Ihre Tätigkeit glich dabei eher einem behutsamen Malen als einem flüssigen Schreiben. Dabei war sie streng darauf bedacht, nichts zu verkritzeln und zu verreißen, d. h. ihre überschießenden Bewegungsimpulse wenn irgend möglich zu unterdrücken.
Während sie sich bei den Hausaufgaben Zeit nehmen und auch entsprechende Pausen einlegen konnte, stand sie im Unterricht fast immer unter Zeitdruck. Der Vergleich der noch einigermaßen gut ausgefallenen schriftlichen Hausaufgaben mit den unsauberen Verschmierungen und Verbesserungen im Schulheft bestärkten die Lehrerin in ihrem Fehlurteil, daß Annegret im Unterricht nur nachlässig und faul sei. In Wahrheit war sie unter höchster Konzentration dauernd damit beschäftigt, die beim schnellen Abschreiben oder Diktatschreiben trotz aller Willensanpassung immer wieder auftretenden Bewegungsentgleisungen zu verbessern. Das kostete natürlich Zeit, so daß sie im Zuge eines Diktates mehr und mehr nachhinkte, ganze Worte oder Satzteile ausließ und schließlich ganz kapitulierte.

Ein Teufelskreis

Als das Mädchen, das ansonsten recht gute Schulleistungen zeigte, 11 Jahre alt war, hatten sich seine Schreibschwierigkeiten dermaßen verstärkt, daß es unter Zeitdruck immer wieder zu einem richtigen Schreibkrampf kam. Es war ein regelrechter Teufelskreis: Je mehr sie sich anstrengte, desto mehr versagte sie. Die Mutter, die sich in ihrer berechtigten Sorge an eine Erziehungsberatungsstelle gewandt hatte, wurde von dort an einen niedergelassenen Kinderpsychiater überwiesen. Dieser fand die handmotorischen Störungen anhand einiger medizinischer und psychologischer Tests bestätigt.
Diesem erfahrenen Arzt war es sofort klar, daß hier etwas zur seelischen Entlastung dieses Mädchens getan werden mußte. Denn was es bisher schulisch zu verkraften hatte, glich einem Martyrium. Es war

ohnehin ein Wunder, daß Annegret auf diesen Dauerstreß, auf den ständigen Konflikt zwischen dem Wollen einerseits und dem motorischen Unvermögen andererseits nicht neurotisch reagiert hatte. Und es war höchste Zeit, etwas zu unternehmen.
Zunächst nahm sie während eines halben Jahres einmal wöchentlich an einer psychomotorischen Gruppentherapie teil. Hier hatte sie einerseits Gelegenheit, sich von ihren in der Belastungssituation Schule aufgestauten Affekten spielerisch zu befreien. Andererseits wurden ihre Arm-, Hand- und Fingerbewegungen durch schwungvolle und rhythmische Übungen gelockert, ein kleines individuelles Übungsprogramm, das sie auch zu Hause täglich durchführte.

Ein ungewöhnlicher Plan

Herr K., ein klinisch geschulter Bewegungstherapeut fragte eines Tages – es war kurz vor den Sommerferien –, ob Annegrets Eltern zu Hause eine Schreibmaschine besäßen. Da das der Fall war, wurde mit den Eltern folgender Plan besprochen. Ihre Tochter sollte während der Ferien ohne jeden Leistungsdruck täglich auf der Maschine tippen dürfen: Worte, Reime, Geschichten, Briefe, was ihr Spaß macht. Vorher wurde die Zeit gestoppt, die sie brauchte, um eine Heftseite mit der Hand abzuschreiben. Sie brauchte dazu genau 11 Minuten und 30 Sekunden. »Wenn du am Ende der Sommerferien eine Heftseite mit der Maschine schneller abschreiben kannst als mit der Hand«, sagte lächelnd der Bewegungstherapeut, »dann wollen wir versuchen, für dich die Erlaubnis einzuholen, daß du auch in der Schule für eine Zeit die Schreibmaschine benützen darfst.«
Das ließ sich Annegret nicht zweimal sagen. Sie übte die ganzen Ferien hindurch. Am Ende war sie in der Lage, die Seite (statt mit der Hand in 11½ Minuten) in nur 6 Minuten abzutippen. Nachdem auch der Arzt diesen Vorschlag gutgeheißen und dies schriftlich bestätigt hatte, vereinbarte Herr K. mit der Schulleiterin und Klassenlehrerin einen Termin, um sie von der Notwendigkeit dieses Vorschlages zu überzeugen. Nachdem sie auch den Bericht des Kinderpsychiaters gelesen hatten, stimmten beide zunächst für die Dauer eines Jahres zu.
Die von ihnen geäußerte Befürchtung, daß die Tippgeräusche den Unterricht stören und die anderen Schüler ablenken könnten, erwies sich als unbegründet, vor allem weil Annegret eine Reiseschreibma-

schine mit Filzunterlage benutzte. Und nach ein paar Tagen hatten sich ihre Klassenkameradinnen längst daran gewöhnt. Für Annegret aber war nun endlich eine Entlastungssituation eingetreten. Zu Hause erledigte sie ihre Schulaufgaben nach wie vor handschriftlich. Schon vor Ablauf des Schuljahres bat sie darum, auch in der Schule versuchsweise mit der Hand schreiben zu dürfen. Das Experiment gelang, zumal sie sich ihrer schlechten Schrift nicht mehr zu schämen brauchte und auch seitens der Lehrer keine Vorhaltungen mehr zu erwarten hatte.

12. Ferdinand ist Linkshänder

Es ist an sich nichts Schlimmes und keineswegs nachteilig, wenn ein Kind linkshändig ist. Schlimm wird es erst, wenn uneinsichtige Eltern oder Pädagogen (das sollte eigentlich der Vergangenheit angehören) das Kind zum Gebrauch der rechten Hand zwingen. »Nimm das schöne Händchen«, forderte die Mutter Ferdinand immer wieder auf. Ja, sie wurde ärgerlich, wenn sie ihn dabei ertappte, wie er mit der linken Hand malte. »Sofort nimmst du das gute Händchen«, fuhr sie ihn an.

Die Mutter hätte gut daran getan, einmal auszuprobieren, wie sehr es einem als Rechtshänder »gegen den Strich« geht, wenn man gezwungen ist, links zu zeichnen oder zu schreiben. Genau so geht es jedenfalls einem linkshändigen Kind, das man gegen seinen Willen, gegen sein Inneres, gegen seine Natur zwingt, die angeblich gute und schöne Hand zu nehmen. Und das auch noch bei Handgeschicklichkeitsleistungen, wie es das Zeichnen oder Schreiben darstellen. Man bringt das Kind damit in einen oft großen inneren Konflikt, der in den meisten Fällen zur Neurose führt. (Neurosen sind seelische Fehlentwicklungen aufgrund unverarbeiteter innerer Konflikte.) Es ist wissenschaftlich erwiesen, daß über die Hälfte der sogenannten »umerzogenen« (d. h. rechtshändig trainierten) Linkshänder als Folge dieser Fehldressur verhaltensgestört sind und unter starker Bewegungsunruhe leiden. Bei einem Drittel dieser bedauernswerten Kinder entwickeln sich Rechtschreibstörungen und sogar Stottern.

Ferdinands Lehrerin schreibt in einem Bericht vom 24. 1. 1983: »Der 8jährige Junge ist Linkshänder, wird aber von seiner Mutter mit Strafen systematisch auf rechts umgestellt. Er schreibt rechts, malt aber in unbeobachteten Augenblicken immer wieder links. Trotz aller Bemühungen ist die Mutter nicht bereit, dem Jungen seine Eigenart zu lassen. In der Schule fällt er wegen zunehmender Verhaltensstörungen mit Aggressionen gegenüber seinen Mitschülern auf. Er besucht z. Zt. die zweite Grundschulklasse.«

Händigkeit, Füßigkeit, Äugigkeit

Beim Menschen erfüllen die beiden Hirnhälften verschiedene Aufgaben. Während (beim Rechtshänder) die rechte Hirnhälfte die musische, künstlerische und intuitive Seite des Menschen repräsentiert, ist die linke Hirnhälfte verantwortlich für das logische, sprachgebundene Denken. Sie, die man (eigentlich nicht ganz zu recht) als die dominante, d. h. führende bezeichnet, dirigiert die Handbewegungen der gegenüberliegenden, rechten Seite. Ein »linkshirniger« Mensch ist also zwangsläufig Rechthänder. Aber nicht nur das; er wird bei Geschicklichkeitsleistungen auch seinen rechten Fuß vorzugsweise gebrauchen, z. B. beim Fußballstoß oder beim Vorwärtsschieben einer Schachtel auf einer Bodenlinie. (Das hat übrigens nichts mit dem bevorzugten Hüpf- oder Sprungbein zu tun.)
Beides, sowohl die Händigkeit als auch Füßigkeit werden weitgehend durch die Erbanlagen bestimmt. Die Äugigkeit hingegen richtet sich fast immer nach der Schreibhand. Der Rechtshänder verfolgt seine Schrift mehr mit dem rechten und der Linkshänder (wenn er links schreiben darf) mit seinem linken Auge. Die wenigsten sind sich dessen bewußt. Daß wir ein »Führungsauge« haben, kann man leicht durch folgendes Experiment feststellen: Strecken Sie einen Arm aus und halten Sie den Daumen nach oben. Über die Daumenkuppe fixieren Sie beidäugig einen entfernten Punkt im Raum. Schließt man nun als Rechtshänder das linke Auge, so verändert sich nichts (weil man schon vorher im Grunde rechtsäugig fixiert hatte). Wird nun das rechte (Führungs-)Auge geschlossen, so springt der Daumen scheinbar ein ganzes Stück nach rechts.

Störungen der Raumlage-Wahrnehmung

Die Zentrierung der Funktionen auf einer Körperseite bezeichnet man als Seitigkeit. Sie schließt Händigkeit, Füßigkeit und Äugigkeit ein. Diese funktionale Ein-Seitigkeit hilft dem Kind, die Seiten des Raumes auseinanderzuhalten. Bei gekreuzter Seitigkeit (z. B. Linksfüßigkeit und Rechtshändigkeit) kann es leicht zu Schwierigkeiten in der Raumwahrnehmung, z. B. was oben und unten oder rechts und links anbetrifft, kommen.
Auch Ferdinand litt unter dieser Raumlagelabilität. Er war linksfüßig, linkshändig und linksäugig, wurde aber durch den Zwang zum

rechtsseitigen Schreiben in seiner Seitigkeit durcheinandergebracht. Es traten Schwierigkeiten beim Lesen und Rechtschreiben auf, etwas, das man als Legasthenie bezeichnet. Z. B. verwechselte er Buchstaben wie b und d, p und q. Er schrieb die 3 oft anders herum, also spiegelbildlich. Statt Wiese schrieb er Weise usw. (Es soll hier betont werden, daß es auch andere, z. B. akustische Speicherungsschwierigkeiten als Ursache für Legasthenie gibt und daß nicht jede gekreuzte Seitigkeit die hier beschriebenen Folgen haben muß.)
Es ist für Eltern wichtig zu wissen, daß sie bei ihrem Kinde die Tendenz zur Bevorzugung einer Körperseite (auch wenn es die linke Seite ist) niemals unterdrücken dürfen. Normalerweise entwickeln schon Säuglinge eine gewisse Tendenz zum bevorzugten Gebrauch der rechten oder linken Hand. Es folgen in den nächsten Lebensjahren allerdings auch Zeiten des Experimentierens, wobei mal die eine, und dann wieder die andere Hand benützt wird. Aber im Vorschulalter haben sich die meisten Kinder für eine Körperseite entschieden. Liegt bei Schuleintritt noch ein wechselnder oder beidseitiger Gebrauch der Hände vor, so kann dies für eine Entwicklungsverzögerung oder aber für das Vorliegen einer Beidhändigkeit sprechen. Hier sollte auf jeden Fall das Fachurteil eines Kinderarztes, Kinderneurologen oder Kinderpsychiaters eingeholt werden.

13. Irmgard hat Augenbewegungsprobleme

Irmgard war ein optisches Problemkind. Obwohl sie normalsichtig war und keine Brille benötigte, hatte sie Schwierigkeiten beim Fixieren (d. h. beim optischen »Festhalten«) von Gegenständen. Ihre Augenmuskeln waren schwerfällig. Sie bewegten sich nicht flink genug, um beispielsweise einem fliegenden Ball zu folgen oder schnell genug die Umrisse eines plötzlich ins Blickfeld kommenden Objektes »abzutasten«, d. h. an ihnen entlangzufahren.
Diese ungenügende Beweglichkeit der Augäpfel führte dazu, daß Irmgard als Baby oft ins Leere starrte. Verwandte meinten schon, sie sei geistig behindert. Gottlob war sie das nicht. Aber sie litt an einer Funktionsstörung des Gehirns. Bei der Mutter gab es Schwierigkeiten während der Schwangerschaft, in deren Verlauf Blutungen auftraten. Nach der Geburt entwickelte Irmgard sich zunächst unauffällig. Bald aber fielen den Eltern die Sehprobleme ihres Töchterchens auf. Das Mädchen konnte ihre Augen nicht über längere Zeit zum scharfen, aufmerksamen Fixieren gebrauchen. Wenn es ein Spielzeug in die Hand nahm, so setzte es die Augen zwar kurzzeitig beim Ergreifen ein. Der Blick wanderte aber sofort danach ab. Von da untersuchte es den Spielgegenstand lediglich mit den Fingern, ohne auch nur einmal noch hinzusehen. Die Mutter kann sich erinnern, wie oft sie dazukam, als ihr Töchterchen ein Bilderbuch verkehrt herum durchblätterte, ohne dabei wirklich hineinzuschauen.
Der Kinderarzt, der im übrigen eine MCD (minimale cerebral Dysfunktion), d. h. eine leichte Hirnfunktionsstörung vermutete, überwies die damals 4jährige Irmgard an einen Augenarzt. Hier konnten optische Störungen oder Sehminderung so gut wie ausgeschlossen werden. Der Zufall wollte es aber, daß die Eltern ein Jahr später während eines Amerika-Aufenthaltes einen gut deutsch sprechenden Optometristen kennenlernten. Das ist ein auf die psychoneurologischen Gesamtfunktionen der Augen beim Sehakt spezialisierter Fachmann, den es bei uns in Deutschland leider nicht gibt (wir kennen nur den Optiker, aber nicht den Optometristen).
Dieser Mr. G. prüfte das Funktionieren des Konvergierens, d. h. des Zusammenführens beider Augachsen beim Betrachten eines ganz nahen, direkt vor der Nase befindlichen Objektes. Er beobachtete

ihre optischen Gewohnheiten und stellte fest, daß es ihren Augen, besonders aber dem rechten, an flüssiger Beweglichkeit fehlte. Auch war die Kooperation beider Augen mangelhaft. »Das wird dem Mädchen in der Schule Schwierigkeiten bringen«, meinte Mr. G. »Sie muß unbedingt zu Hause ein Trainingsprogramm zur Verbesserung der Augenbeweglichkeit, möglichst mehrmals täglich einige Minuten, durchführen, wenn sich ihre Sehfähigkeit bis zum Schuleintritt verbessern soll.«

Dieses Augenprogramm, das den Eltern an Ort und Stelle eingehend vorgeführt und auch dem Mädchen genau erklärt wurde, enthält Übungen, die gut in den Tagesablauf eingebaut werden können. Es sind vor allem einäugige Zielverfolgungsübungen bei waagerechten, senkrechten, diagonalen, pendelnden und kreisenden Bewegungen von Zielobjekten. Desgleichen wurden schnelle waagerechte oder senkrechte Augensprünge von einem Beobachtungsgegenstand zum anderen geübt. Sehr wichtig, so wurde den Eltern eingeschärft, ist auch das beidäugige Zielverfolgen sich entfernender oder annähernder Bewegungen von Objekten (genaue Anweisungen s. im Lit.-Verzeichnis unter Kiphard: Psychomotorik als Prävention und Rehabilitation).

Die Übungen machten Irmgard großen Spaß. Sie quietschte vor Vergnügen, wenn sie beispielsweise herabschwebende Seifenblasen »fangen« oder mit einer Wasserpistole kaputtschießen durfte. Der Effekt dieses täglichen Augentrainings war verblüffend. Ihre bisher unbeweglichen und leicht ermüdenden Augen wurden plötzlich »munter«. Sie versuchten jede neue Situation im wahrsten Sinne des Wortes zu er-fassen. Ihr wacher Blick fiel sogar Verwandten auf, die Irmgard längere Zeit nicht gesehen hatten.

Sie besuchte die Schule, ohne daß größere Probleme auftraten. Ihre optische Konzentrationsfähigkeit hatte sich soweit verbessert, daß sie auch beim Lesen und Schreiben gut mitkam. Die Eltern waren stets darauf bedacht, ihre Augenbeweglichkeit, optische Aufmerksamkeit und Merkfähigkeit durch allerlei Spiele weiter anzuregen und zu schulen.

Der größte Clou allerdings folgte etwa am Ende der Grundschulzeit, kurz vor Irmgards 10. Geburtstag. Damals lernte sie ein gleichaltriges Mädchen kennen, dessen Eltern Artisten waren. Von ihm lernte sie, mit 3, später sogar mit 4 Holzkugeln zu jonglieren. Das dabei erforderliche pausenlose optische Zielverfolgen erbrachte eine wei-

tere Erhöhung ihrer Konzentration. Es war noch das »i-Tüpfelchen«, das ihr zu einer völlig normalen Augengeschicklichkeit verhalf. Heute merkt dem Mädchen niemand mehr an, daß es einst ein optisches Problemkind war.
Jonglieren in Form eines schwierigkeitsgestaffelten Lernprogramms hat sich in vielen Fällen als gezielte Heilmaßnahme bei sehgestörten und leicht schielenden Kindern bewährt. Dabei zwingt das ständige Beobachten der sich vor der Körpermitte überkreuzenden Bälle die beiden Hirnhälften zu einem wechselseitigen Tätigwerden. Das führt zu immer flüssiger werdenden Anpassungsbewegungen der Augen.
Auch Schüler, die unter einer optisch bedingten Lese-Rechtschreibschwäche (Legasthenie) leiden, profitieren von einem Jonglierprogramm, dessen Ziel es ist, die genetische (angeborene) Dominanz einer der beiden Hirnhälften und damit die Seitigkeit im Sinne des Gebrauchs der Vorzugshand funktionell zu unterstützen. Dadurch vermindern sich mit der Zeit die räumlichen Orientierungsschwierigkeiten dieser Kinder, so daß sich ihre Lese- und Rechtschreibleistung verbessert.

14. Klaus-Dieter kann nicht stillsitzen

»Ach, der Junge kann einfach nicht ruhig sitzenbleiben. Immer muß er hin- und herrutschen, mit dem Oberkörper schaukeln, mit den Beinen baumeln oder mit den Füßen am Boden scharren.« Wie oft bekommt man derartige Klagen von Eltern und Lehrern zu hören.
»Klaus-Dieter muß ständig in Bewegung sein. Manchmal saust er stundenlang wie angestochen durch die Wohnung. Alles muß er anfassen. Kein Gegenstand ist vor ihm sicher. Ach, wenn er nur einmal bei einer Sache bleiben würde! Aber er kann sich keine fünf Minuten auf ein Spiel konzentrieren. Gleich muß er etwas Neues anfangen, oder er rennt wieder planlos durch die Gegend, klopft mal hier und mal da herum, nimmt mal dies oder das in die Hand; alles an ihm ist wild und fahrig.«
Auf kleinstem Raum, in der Wohnung zum Beispiel, können diese Kinder durch ihre ständige Bewegungsunruhe und durch den krassen Wechsel in der Zuwendung zu einer unerträglichen Belastung für ihre Umwelt werden. Es ist, als wären sie schutzlose jedem Fremdreiz ausgeliefert. Daher haben sie auch keine Ausdauer im Spiel.
Was hat es nun mit der kindlichen Bewegungsunruhe auf sich? Welche Ursachen kommen dafür in Frage, und was kann man letztlich dagegen tun?

Entwicklungsbedingte Bewegungsunruhe

Jede Mutter weiß, wie das Baby zunächst hilflos und scheinbar ziellos mit seinen Ärmchen und Beinchen Beuge- und Streckbewegungen ausführt. Dabei würde man nie auf den Gedanken kommen, diese Art von unkoordinierter Motorik als anomale Bewegungsunruhe zu bezeichnen.
Auch beim Kleinkind herrscht ein Übermaß an Bewegungen vor. Kein noch so großer Bewegungsaufwand und keine Anstrengung werden ihm zuviel. Denn dieser kleinkindliche »Bewegungsluxus« – eine treffende Bezeichnung, die auf den großen deutschen Kinderpsychiater Homburger zurückgeht – ist für das Kind ein ständiger Quell der Lust und Freude.
In diesem Alter kann man ohne weiteres von »normalen« Überfluß-

bewegungen sprechen. Der ruhelose, überschwengliche Bewegungs- und Betätigungsdrang gehört genauso zur Normalentwicklung des Kleinkinds wie die leichte Ablenkbarkeit durch äußere Reize und die damit im Zusammenhang stehende geringe Fähigkeit zur Konzentration.

Nun gibt es Entwicklungsschübe, während derer die Bewegungsunruhe des Kleinkindes und Vorschulkindes besonders stark hervortritt. Dieser Zustand kribbeliger Unruhe, der von der Umgebung des Kindes verständlicherweise als sehr lästig und störend empfunden wird, kann über Wochen oder Monate anhalten. Zuweilen sind die Unruhezeiten kürzer. Ihr Auftreten ist von Wettereinflüssen ebenso abhängig wie von Übermüdung infolge körperlicher, geistiger oder seelischer Überbeanspruchung oder durch Schlafmangel. Oft sind sie auch das Vorstadium zu einer beginnenden Infektionskrankheit.

Fest steht, daß die Bewegungsunruhe in gewissen Grenzen zur normalen Entwicklung des Kleinkindes und Vorschulkindes gehört. In dieser Altersstufe geht vom Gehirn eine Vielzahl von Erregungen aus, die sich in Bewegung umsetzen müssen, ohne daß es vorerst die Möglichkeit hat, entsprechende Hemmungsprozesse auszubilden.

Diese Möglichkeit entwickelt das kindliche Gehirn erst langsam, etwa im Alter zwischen sechs und acht Jahren. Im Zuge der Hirnreifung kommt es nun allmählich zur Ausbildung von regelnden und steuernden Hemmungen, bis sich schließlich Erregung und Hemmung die Waage halten. So vollzieht sich ein Übergang vom überschießenden zum sparsameren Gebrauch der Muskelfunktionen.

Da bei Schuleintritt dieser Umwandlungsprozeß meist gerade erst beginnt, bedeutet der Zwang zum Stillsitzen während des Unterrichts vielfach eine Überforderung. Denn das Kind hat seine starken Bewegungsantriebe noch kaum unter Kontrolle. So führt die auferlegte Bewegungseinschränkung zwangsläufig zu einer Aufstauung der Bewegungserregungen.

Man kann daher verstehen, wie unnatürlich und für das Kind unerträglich die Einschränkung des Bewegungsbedürfnisses durch stundenlanges Stillsitzen in der Schule eigentlich ist. Das gilt vor allem für das erste und zweite Schuljahr. Und jeder verständnisvolle Lehrer wird diesem naturgegebenen Bedürfnis Rechnung tragen, indem er die Unterrichtsstunden durch kurze, bewegungsreiche Unterbrechungen auflockert.

Wir erkennen aus all dem, daß der Bewegungsantrieb im Alter von

sechs oder sieben Jahren noch nicht voll gesteuert und geformt werden kann. Eine längere Bewegungsbeschränkung muß zwangsläufig zu einer Erregungsstauung führen, die dann in Form von Bewegungsunruhe zur Entladung drängt. Das ist die ganz normale Folge.
Die Symptome der Bewegungsunruhe können jedoch im Schulalter sehr gut vermieden oder doch wenigstens weitgehend gemildert werden. Man muß nur dafür sorgen, daß das Kind genügend Bewegungsgelegenheit und Bewegungsfreiheit als notwendigen Ausgleich zur sitzenden Lerntätigkeit erhält.

Die Rolle von Anlage und Umwelt

Der Bewegungsdrang kann im einzelnen verschieden stark sein. Es gibt antriebsarme Kinder und solche mit großer Vitalkraft und unbändigem Funktionstrieb. Es liegt auf der Hand, daß antriebsstarke Kinder höchstwahrscheinlich eher durch Bewegungsunruhe auffallen als antriebsschwächere.
Andererseits spielt auch die intellektuelle Veranlagung eine Rolle. Und zwar insofern, als es geistig minderbegabten Kindern schwerer fällt, ihren Antrieb in die Hand zu bekommen und mit ihm fertig zu werden. So tritt die Bewegungsunruhe gehäuft bei schwachbegabten Kindern auf.
Die *Umwelt* übt gerade im Hinblick auf das kindliche Bewegungsverhalten einen prägenden Einfluß aus. Dabei ist besonders das Verhalten der Eltern von Bedeutung, weil jedes Kind sich unbewußt ihnen anzugleichen und sie nachzuahmen versucht.
Es ist bekannt, daß mütterliche Unruhe und Nervosität sich auf die Kinder überträgt. Das heißt, diese werden mit der Zeit auch rastlos und ruhelos in ihrem Verhalten. Dabei kann man allerdings nie behaupten, daß es sich hier allein um ein Nachahmen handle. Denn ebensogut können Vererbungsfaktoren eine Rolle spielen. Meist wird beides, Anlage und Umwelt, beteiligt sein, wenn auch in mehr oder weniger ungleichem Verhältnis zueinander.
Man wird hier vor allem versuchen müssen, das Milieu zu verändern. Das heißt, man wird die Kinder vor überstarken Sinnesreizen, die über Auge und Ohr pausenlos einwirken, möglichst zu bewahren versuchen. Das Vermeiden jeglicher Reizüberflutung ist hier dringendes Gebot.
Eine gleichbleibend ruhige und gelassene Umgebung wirkt oft Wun-

der. Es gibt Beispiele von übernervösen Großstadtkindern, deren kribbelige Unruhe in der reizarmen Atmosphäre eines Dorfes binnen Jahresfrist fast völlig verschwand.
Zum anderen wird man darauf abzielen, die zappelige und fahrige Bewegungsunruhe in konstruktive Bahnen zu lenken. Das ist am besten zu erreichen durch altersgemäße Bewegungsspiele, wobei besonders auch das rhythmisch-musikalische Element ordnend auf die kindliche Motorik einwirkt. Unruhige Kinder sollten auch viel Gelegenheit zum Schaukeln, Wippen, Drehen, Purzeln, Rutschen, Karussellfahren usw. erhalten, die als primitive Bewegungsreize für die Gleichgewichtsorgane im Innenohr offensichtlich beruhigend wirken.
Das ist deshalb so wichtig, weil die ziellose und planlose Unruhe zur ernsten Gefahr für die kindliche Entwicklung werden kann, wenn sie bis ins neunte und zehnte Lebensjahr hinein bestehen bleibt. Denn dann hindert sie das Kind daran, seine Bewegungsfunktionen weiter zu vervollkommnen, wie das normalerweise mit fortschreitendem Alter der Fall ist.

Krankhafte Getriebenheit

Hat die Bewegungsunruhe sich in dieser Zeit nicht von selbst gegeben oder tritt sie plötzlich, wie aus heiterem Himmel, bei vorher ruhigen Kindern auf, so liegt der Verdacht auf eine organische Ursache nahe. Es handelt sich dann sehr oft um ein krankhaftes Geschehen.
Im Falle des Beharrens (Persistierens) der Bewegungsunruhe über das neunte Lebensjahr hinaus wird möglicherweise eine abgelaufene frühkindliche Hirnstörung ursächlich in Frage kommen. Diese Kinder sind dann meist entwicklungsrückständig. Sie befinden sich also motorisch (bewegungsmäßig) auf einer niedrigeren Stufe, als es ihrem tatsächlichen Alter entspricht. Deshalb werden sie mit ihren starken Antriebsenergien nicht fertig und fallen durch gesteigerte Unruhe auf. (Von dem Bewegungsungeschick hirngeschädigter Kinder war schon im ersten Abschnitt des Buches die Rede.)
Im Falle des fünfjährigen Klaus-Dieter, dessen ständige motorische Entladungen seine Eltern an den Rand der Verzweiflung brachten, nahm die motorische Unruhe von vornherein einen dranghaften Charakter an. Schon als Kleinkind fiel er durch die Getriebenheit seines

Tuns auf. Man findet eine solche massiv-dranghafte Unruhe nicht selten als Folgeerscheinung einer Hirnstörung. (Im Zusammenhang mit geistiger Minderbegabung spricht man in einem solchen Falle von »Erethie«.)
In der Tat war bei Klaus-Dieter eine Stammhirnentzündung vorausgegangen. So wird er es wahrscheinlich trotz ausreichender Intelligenz schwer haben, sich in die Klassengemeinschaft einer Schule einzuordnen. Die organisch verursachte Enthemmung wird ihm jede längere konzentrative Mitarbeit zunächst unmöglich machen. Daran werden auch keine Erfahrungen und Strafen etwas ändern. Hier muß unbedingt ein kinderpsychiatrischer Fachmann konsultiert werden.
Manchmal tritt die motorische Unruhe auch scheinbar grundlos bei einem vorher ruhigen und geordneten Schulkind auf. Die Lehrer stellen dann fest, daß dieses Kind dem Unterricht nicht mehr folgen kann, daß es ablenkbar und unkonzentriert ist und zu stören beginnt. Seine Handschrift wird ohne ersichtlichen Grund flüchtig und fahrig. Auch hier muß man immer an die Möglichkeit einer organischen Hirnschädigung denken, wenngleich massive seelische Belastungen ähnliche Zustandsbilder mit zunehmender Unruhe, Nervosität, Ablenkbarkeit und Reizbarkeit bewirken können.
Nun spielt letztlich auch hier in diese mehr oder weniger krankhaften körperlich-seelischen Vorgänge hinein das Auf und Ab der kindlichen Entwicklungs- und Reifungsschübe. So ist es zu erklären, daß psychomotorische Antriebs- und Verhaltensauffälligkeiten zeitweise verblassen oder sogar vorübergehend aufhören. Ja, sie können auch plötzlich wieder in Erscheinung treten, gemäßigt oder gesteigert, ohne daß man auch nur eine annähernde Prognose stellen könnte.
Genau wie die Ungeschicklichkeit, so verliert sich auch die krankhafte Bewegungsunruhe zumeist schon mit Beginn der Pubertät. Insofern arbeitet die Zeit auch hier für die Kinder und nicht zuletzt für die oftmals hartgeprüften Eltern.
Als Faustregel dafür, ob es sich um eine »normale«, also entwicklungsbedingte Bewegungsunruhe handelt oder um ein krankhaftes Geschehen, könnte man vereinfacht sagen:
Entwicklungsbedingte Bewegungsunruhe bereitet dem Kind Freude und Lust. Krankhafte Unruhe dagegen äußert sich darin, daß das Kind einen freudlosen, unlustigen, ja gequälten Eindruck macht, daß es also unter seinem hemmungslosen Bewegungsdrang sowie unter seiner unersättlichen Reizgier leidet, denen es hilflos und machtlos ausgeliefert ist.

Bei der letztgenannten Form der Überaktivität und Ruhelosigkeit werden die Ursachen nicht (allein) im Milieu, in der Umwelt (Reizüberflutung, nervöse Eltern, Bewegungseinschränkung) zu suchen sein. Hier wird wohl häufig auch eine hirnorganische Verursachung eine Rolle, wenn nicht die Hauptrolle spielen. Man wird deshalb in einem solchen Fall nicht auf fachmännische Hilfe verzichten können.
Gerade die Störung und Behinderung der Wahrnehmung ist bei bewegungsunruhigen und überaktiven Kindern ein gravierendes Handikap. Zum konzentrierten Hinsehen und Hinhören braucht das Kind vor allem Ruhe. Solange es unruhig ist, wird es nur oberflächlich wahrnehmen und infolgedessen in seiner schulischen Lernfähigkeit empfindlich gestört sein. Kinder wie Klaus-Dieter können ihre Intelligenz einfach nicht nutzen und müssen in der Schule versagen.
Zur Abhilfe sind in den letzten Jahren bewegungspädagogische und -therapeutische Verfahren im Rahmen der psychomotorischen Übungsbehandlung bzw. Mototherapie entwickelt worden. Dabei wird den hyperaktiven Kindern in einer einleitenden Phase eine Vielfalt höchst motivierender Aufgaben und Aktivitäten wie Rollen, Rutschen, Fahren, Hüpfen, Springen, Schaukeln, Wippen sowie Dreh- und Karussellbewegungen angeboten, die dem kindlichen Gehirn wichtige Entwicklungsreize zuführen sollen. Erst danach werden in einer Strukturierungsphase die übermäßigen Bewegungsantriebe dem Willen des Kindes untergeordnet, etwa nach dem Slogan »Bewegungsbeherrschung ist der erste Schritt zur Selbstbeherrschung«. Es geht dabei um spielerische Brems- und Steuerungsübungen, die den Kindern das Gefühl geben, »Kutscher auf dem eigenen Bock« zu sein. Der dritte Schritt dieses mototherapeutischen Förderprogramms versucht die Konzentration dadurch zu verbessern, daß die Augen kurzzeitig freiwillig geschlossen werden. Dadurch erleben die Kinder, daß sie andere tragfähige Sinne (z. B. Tasten und Hören) als Quelle für Umweltinformationen nutzen können. Erst danach folgen optische Aufmerksamkeits- und Orientierungsübungen sowie als letzte pädagogische Maßnahme Übungen zur Überwindung der Impulsivität. Dies geschieht nach der Formel *»Halt! Schau! Höre! Denke!«*.
Diesen bewegungsorientierten und damit kindgemäßen Behandlungsmaßnahmen sollte immer der Vorzug gegenüber diätetischen Maßnahmen (phosphatreduzierte Kost) oder medikamentöser Therapie (Ritalin) gegeben werden.

15. Warum ist Andreas nur so unpraktisch?

»Wie kann ein so kluges Kind wie Andreas derart umständlich und unpraktisch sein?« Das fragten sich die Eltern immer wieder, wenn sie erlebten, wie unbeholfen und tolpatschig sich ihr inzwischen 10jähriger Sohn bei praktischen Anforderungen des täglichen Lebens anstellte. Das zeigte sich schon beim An- und Auskleiden. Er tut dies heute noch langsam und umständlich. Immer wieder zögert er und legt kleine Pausen ein. Man hat den Eindruck, daß er zwischendurch »den Faden verloren« hat, daß er erst überlegen muß, was als nächstes drankommt. Das war vor ein paar Jahren noch viel schlimmer gewesen. Da kam er mit der Kleidung einfach nicht zurecht, drehte seine Hose ratlos verschiedene Male herum und versuchte dann womöglich mit beiden Füßen in ein Hosenbein einzusteigen. Hemden und Pullover zog er oft verkehrt herum an, und die Knopfreihen seiner Jacke waren meist schief zugeknöpft, wobei er dann ein oder zwei Knöpfe übrig behielt. Das richtige Anziehen seiner Strümpfe in der Aufrolltechnik macht ihm heute noch Mühe, und es hat lange gedauert, bis er bei seinen Schuhen rechts und links auseinanderhalten konnte. Und das bei einem Schüler, dessen theoretische Intelligenz mit einem Verbal-IQ von 129 überdurchschnittlich hoch ist. Aber – das zeigte der vom Schulpsychologen durchgeführte Intelligenztest auch – seine praktische Intelligenz (gemessen am Handlungsteil des Tests) erreichte mit 65 einen extrem niedrigen Wert.
Der Fachmann spricht in Andreas' Fall von »Dyspraxie«, einer Störung der praktischen Handlungsfähigkeit. Kennzeichen dieses unpraktischen, wenig pragmatischen Verhaltens sind die schon erwähnte Umständlichkeit, Unbeholfenheit, Unentschlossenheit, Unsicherheit, Ratlosigkeit und Hilflosigkeit in Situationen, die ein planvolles, zweckmäßiges, zielgerichtetes Handeln erforderlich machen. Zum Handeln (das Fremdwort heißt Praxie) braucht man seine Hände. Aber, um sie sinnvoll einsetzen zu können, muß man nicht nur **zu**greifen können, sondern man muß das entsprechende Handlungsproblem auch **be**greifen. Dann erst kann man die notwendigen, zweckmäßigen Handlungsschritte planen und ausführen.
Bei Andreas zeigten sich besondere Schwierigkeiten beim Umgang

mit Werkzeugen im weitesten Sinne; er konnte lange nicht richtig mit Messer und Gabel umgehen, und Ausschneiden mit der Schere lernte er erst in der Schule. Selbst heute stellt er sich denkbar unpraktisch und tolpatschig an, wenn es um konstruktives Werken geht, wobei er beispielsweise vergeblich versucht, zwei Brettchen aufeinanderzunageln oder sie mit dem Bindfaden zu einem Kreuz zusammenzubinden. Es ist, als ob er die Reihenfolge der Handlungsschritte, die zu einem bestimmten Arbeitsziel führen, nicht folgerichtig aneinanderreihen kann. Andererseits scheint er dabei aber auch die Zielvorstellung aus den Augen zu verlieren. All das setzt natürlich seiner Lernfähigkeit Grenzen.
Der Sportlehrer stellte z. B. fest, daß Andreas die simpelsten Bewegungstechniken schwerfallen und daß er auch nicht in der Lage ist, durch Zusehen zu lernen. So schaffte er es trotz großen Bemühens nicht, sich selber beim Schaukeln Schwung zu geben, den Sitzsprung auf dem Trampolin zu erlernen, in Bauchlage auf dem Rollbrett oder stehend auf dem Pedalo zu fahren – und dies, obwohl er es ständig bei anderen Kindern sehen konnte. Einige der genannten Bewegungsvollzüge lernte er erst, als er zusätzlichen Förderunterricht im Rahmen eines psychomotorischen Übungskurses erhielt. Diese Übungsstunden, die von einer staatl. gepr. Motopädin geleitet wurden, besucht er z. Zt. immer noch. Ihr fiel als Fachkraft, die mit den verschiedenen Bewegungsschwächen bei Kindern vertraut ist, schon nach kurzer Zeit auf, daß Andreas häufig vergißt, was er eigentlich machen wollte. Sie berichtet, daß es z. B. vorkommen kann, daß er hilflos auf dem Trampolin steht und verlegen fragt, welche Übung jetzt drankommt, obwohl eine Reihe von Kindern vor ihm diese Sprungfolge ausgeführt hat und er dies auch mit ansah.
Inzwischen – er nimmt nun schon 9 Monate an dem psychomotorischen Förderunterricht teil – konnte er schon einige Fortschritte verzeichnen, die fraglos auf die konsequente Handlungserziehung durch die ihn betreuende Motopädin zurückzuführen sind. Zu diesem Programm gehören Übungen zur Verbesserung seines mangelhaften Körpergefühls und Körperschemas wie auch der Raumorientierung. Zum anderen übte sich Andreas im Imitieren vorgemachter Bewegungen wie Hampelmann, verschiedene Tanzschritte oder Sprungkombinationen auf dem Trampolin. Nach diesen »Pflichtübungen« wurde er angehalten, nunmehr selbsterdachte »Kürübungen« zusam-

menzustellen, sie in einfachsten Strichzeichnungen zu skizzieren und dann, nach genauem Einprägen, selbständig auszuführen. Dabei mußte er zwar anfangs noch häufig auf seinen »Spickzettel« gucken, aber er konnte sich die Handlungsteile zunehmend besser merken. Neuen Aufgaben und Bewegungssituationen gegenüber zeigt Andreas jedoch nach wie vor Unsicherheiten und kurzzeitige Handlungssperren. Wenn ihm aber Zeit gelassen wird, sich seinen Handlungsplan in den einzelnen Schritten genügend vorzustellen, d. h. das was er zu tun gedenkt, geistig rückzukoppeln, dann schafft er auch neue Aufgaben und meistert ihm ungewohnte Situationen. Ein wichtiges methodisches Hilfsmittel ist dabei das Verbalisieren jeder einzelnen Handlungssequenz. Der Ausführende beschreibt dabei in Worten jeden einzelnen von ihm geplanten Handlungsschritt, ehe er ihn ausführt. Mit anderen Worten: er beginnt »laut zu denken«. – Diese, wie auch die vorher erwähnten Maßnahmen, sind therapeutisch wichtig für dyspraktische Kinder, deren Problem eine Art Schaltstörung zwischen Sehen, Verstehen, Planen, Vorausdenken und Handeln zu sein scheint.

16. Ungeschick als Ursache für Verhaltensstörungen

Es ist keineswegs nur ein Schönheitsfehler, wenn ein Kind ungeschickt ist. Wir haben gesehen, daß dadurch auch die schulische Lernfähigkeit beeinträchtigt, ja die gesamte Handlungskompetenz behindert werden kann. Welche seelischen Schwierigkeiten und welche sozialen Probleme außerdem damit verknüpft sein können, davon soll hier in aller Kürze die Rede sein.

Man muß sich einmal vergegenwärtigen, welche ungeheure psychische Belastung es für ein ungeschicktes Kind ist, daß ihm täglich irgendwelche motorischen Unternehmungen mißlingen, daß es an seinem eigenen Unvermögen scheitert. Alles, was anderen Kindern mühelos gelingt, ihm macht es oft unüberwindliche Schwierigkeiten. Ob es vergeblich versucht, beim Fangenspielen ein anderes Kind abzuschlagen oder ob es beim Völkerballspiel gleich beim ersten Wurf abgetroffen wird, weil es dem Ball nicht so schnell ausweichen kann (aber seinerseits mit seinem schwachen Wurf kein einziges Kind trifft), immer erlebt das Kind, daß es nicht mithalten kann. Es empfindet sich als minderwertig.

Diese dauernden Versagenserlebnisse sind schon schwer zu verkraften. Sie werden aber noch verstärkt durch die verständnislose Haltung der Umwelt. Wie oft kommt es vor, daß Erwachsene, sei es nun die Mutter, der Vater oder der Lehrer das Kind ermahnen: »Bist du denn immer noch nicht fertig mit Anziehen? Beeile dich gefälligst. Sollen wir denn wieder auf dich warten?« – »Der kann doch wieder seine Schleife nicht binden. So was an Blödheit!« – »Kannst du denn nicht aufpassen? Die ganze Milch hat der Kerl verschüttet . . .« usw. usw.

Wie muß einem Schüler oder einer Schülerin zumute sein, wenn sie zum Wettlauf antreten müssen und von vornherein wissen, daß sie nicht die geringste Chance haben zu gewinnen? Wenn sie dann beim Staffellauf den Stab verlieren, so ergießt sich ein Schwall von Buh- und Schmährufen auf diese bedauernswerten Kinder. Daß sie bei solchen sich leider im Sportunterricht häufenden Szenen »ausflippen« und neurotisch reagieren, ist nur zu gut zu verstehen.

Welches verletzende Gefühl muß es für ein Mädchen oder einen Jungen sein, bei einer Wahl für ein Mannschaftsspiel grundsätzlich bis zuletzt übrig zu bleiben, weil keine Mannschaft diese ungeschickten Kinder haben will? So werden sie zwangsläufig Außenseiter, von allen verachtet, verhöhnt und gedemütigt. Wenn sie dann mit Hinterhältigkeit oder ohnmächtigen Aggressionen reagieren, so bezeichnet man sie als verhaltensgestört.

Um so wichtiger ist es, daß wenigstens Erwachsene sich die Mühe machen und sich einmal in die Lage solch einer sportlichen »Flasche«, eines von allen verachteten Schwächlings zu versetzen. Erfahrene Sportpädagogen haben berichtet, daß man bei den Klassenkameraden oder Gruppenmitgliedern durchaus Verständnis für diese Prügelknaben erwecken kann, indem man an den Beschützerinstinkt der Stärkeren appelliert. Was diese Kinder dringend brauchen, ist Ermutigung.

So dient diese kleine Broschüre dem Ziel, Eltern und Pädagogen feinfühlig zu machen für die Schwierigkeiten, aber auch für die Bedürfnisse des ungeschickten Kindes. Es ist so wichtig, daß ihnen schon im Elternhaus motorische Erfolgserlebnisse im Umgang mit ihrem Körper in den verschiedenen Bewegungssituationen ermöglicht werden. Das folgende Kapitel soll dazu einen Beitrag leisten.

17. Wie Eltern ihren Kindern helfen können

1. Frühzeitig den Arzt fragen, damit die Ursachen geklärt werden.
2. Die Lehrer informieren, um eventuelle Überforderungen zu vermeiden und Mißerfolgserlebnissen vorzubeugen, womit den Kindern unnötige Hänseleien und Demütigungen erspart bleiben.
3. Den Kindern Mut machen und sie dafür begeistern, ihre Bewegungsfunktionen spielerisch zu üben.
4. Für Übungsgelegenheit und möglichst vielfältige Bewegungsanreize sorgen:
   a) im Hause (vgl. das nachfolgende Übungsprogramm),
   b) im Freien (Garten, Spielplatz, Wiese, Schwimmbad),
   c) durch Besuch von Rhythmik- und Psychomotorikkursen, Kleinkinderturnstunden (Sportverein, Volkshochschulkurse).

Auskunft über entsprechende Lehrkräfte und Übungsangebote:

Bundesverband Rhythmische Erziehung e. V., Küppelstein 34,
42857 Remscheid

Aktionskreis Psychomotorik e. V., Kleiner Schratweg 32,
32657 Lemgo

Deutscher Berufsverband der Motopäden/Mototherapeuten e. V.,
Tannenkamp 5, 49143 Bissendorf

18. Ein kleines Übungsprogramm

Wenn wir von Geschicklichkeit sprechen, müssen wir diese immer in Beziehung setzen zum Alter des Kindes. Ein jüngeres Kind ist im Vergleich zum älteren Kind weniger geschickt. Denn das ältere hat sich schon ein höheres Maß an Bewegungserfahrung aneignen können, über die das jüngere noch nicht verfügt. So erhöht sich beim Kinde im Laufe seiner Entwicklung das Vermögen, seinen Körper und vor allem seine Gliedmaßen gezielt für die verschiedensten Verrichtungen zu gebrauchen. Dieser Entwicklungsprozeß vollzieht sich jedoch nicht geradlinig und gleichmäßig, sondern viel mehr schubweise, mit wechselnden Schwerpunkten.
Man kann diese Entwicklung bis zu einem gewissen Grade lenken, indem man in kindgemäßer Form Bewegungsaufgaben anbietet, mit denen sich das Kind spielerisch auseinandersetzt. Dazu sollen die folgenden Übungsanregungen dienen.
Es wäre allerdings sinnlos und für das Kind entmutigend, wollte man Bewegungsaufgaben stellen, die es seinem Entwicklungsstand nach noch gar nicht erfüllen kann. Deshalb haben wir vor die Übungen das Alter gesetzt, in welchem sie das Kind normalerweise erlernt. Nun gibt es individuelle Unterschiede, das heißt, es können verschiedene Bewegungsbereiche früher als gewöhnlich entwickelt sein; andererseits können auch einseitige Entwicklungsrückstände vorliegen. Das alles kann sich noch durchaus innerhalb der Norm bewegen. Man kann also nicht sagen, daß nun alle Kinder die Übungen mit dem angegebenen Alter können *müssen*. Bei Kindern mit Entwicklungsverzögerungen empfiehlt es sich, mit einer entsprechend niedrigeren Altersstufe zu beginnen.
Ein Hinweis noch zur Durchführung: Es kann sich nicht darum handeln, Geschicklichkeitsübungen zu fordern oder gar zu erzwingen. Es muß im Gegenteil alles versucht werden, dem Kinde die Bewegungsaufgaben so schmackhaft, interessant und attraktiv wie nur möglich zu machen. Man braucht sie gar nicht immer in kindliche Spielformen zu kleiden. Wichtig ist allein die verlockende Aufforderung: »Ob du wohl schon mit dem Ball so auf den Boden tippen kannst?« – »Willst du einmal versuchen, den Luftballon mit der Hand zu treffen,

wenn er in der Luft ist?« – »Mal sehen, ob du diesen Becher dort auf den Tisch stellen kannst, ohne das Wasser zu verschütten.« – »Ob du es wohl fertig bringst, ganz ohne Hilfe über das große Brett zu gehen?«

In dieser Weise aufgefordert, werden schon Drei- und Vierjährige Freude und Spaß am Üben finden. Aber bitte gerade anfangs nicht überdosieren! Das Kind darf niemals überfordert werden. Man muß die Leistungsfähigkeit seines Schützlings erst einmal vorsichtig zu ertasten und zu erproben versuchen. Nur so werden Mißerfolge vermieden. »Schnelle, kurzdauernde, wechselnde Reize sind dem Kind gemäß – alle Dauerreize, alle längeren oder größeren Belastungen sind schädlich«, sagt L. Diem im Hinblick auf die Belastbarkeit des Vorschulkindes (vgl. Lit.-Verzeichnis). Die folgende Zusammenstellung ist lediglich als Anregung gedacht und erhebt keinen Anspruch auf Vollständigkeit. Aus der Fülle der Möglichkeiten sind jeweils nur einige leicht durchzuführende Übungen für das entsprechende Alter ausgewählt worden. Weitere Übungen hat der Verfasser in den Abschnitten *Feinkoordination, Geschicklichkeit, Selbstbeherrschung, Doppelkonzentration* und *Reaktion* der Übungsfibel »Bewegung heilt« zusammengestellt. (Vgl. Literaturverzeichnis unter Hünnekens und Kiphard.)

Diese Geschicklichkeitsübungen können im Schulalter ergänzt werden durch kreislaufanregende und die Ausdauer steigernde Laufspiele, Hüpfspiele, Fangen und Abschlagen usw. Wann immer möglich, soll die Gelegenheit genutzt werden, nahe Spielplätze aufzusuchen oder – noch besser – die Kinder mit in den Wald zu nehmen, wo man sich verstecken und Abenteuer erleben kann.

Außerdem sollte etwa zwischen dem 6. und 8. Lebensjahr spätestens mit dem *Schwimmenlernen* begonnen werden. Dazu ist es allerdings notwendig, daß das Kind vorher ans Wasser gewöhnt und damit vertraut ist. Das ist zum Beispiel der Fall, wenn das Kind ohne Scheu auch mit dem Kopf hineingeht, im flachen Wasser nach Gegenständen taucht oder zwischen den gegrätschten Beinen eines anderen hindurchschwimmt. Wasservertrautheit kann sich vor allem dort entwickeln, wo genügend Gelegenheit dazu gegeben wird. Aber sie kann *nur* spielerisch und selbsttätig erworben werden und niemals unter Zwang und Angst. Leider ist das Wasser fast aller Kinder- und Lehrschwimmbecken in unseren Hallenbädern zu kalt. Es ist eine leider wenig bekannte oder beachtete Tatsache, daß es vor allem der

Kältereiz ist, vor dem die an sich »wasserhungrigen« Kleinen scheuen und der erst die eigentliche Angst vor dem nassen Element auslöst. Man sollte deshalb für Kleinkinder eine Mindestwassertemperatur von 28 Grad Celsius fordern!

Am Ende der Übungsempfehlungen für jede Altersstufe sind geeignete Materialien und Geräte aufgeführt. Dabei sind vor allem diejenigen Spiel- und Sportgeräte zusammengestellt worden, die geeignet sind, die Körper- und Fingergeschicklichkeit zu üben und zu verbessern. Wenn dabei Altersstufen angegeben wurden, so nur zur groben Orientierung. Man sollte auf keinen Fall das Material zu früh anbieten, weil gerade das sich später entwickelnde Kind dann noch nicht damit fertig wird und sich nach einigen vergeblichen Versuchen lustlos und enttäuscht zurückzieht.

Einige der aufgeführten Gerätschaften sind für die Mehrzahl der Eltern sicher nicht erschwinglich. Wenn sie dennoch erwähnt werden, so deshalb, um auch Kindergärten, Heimen und Horten als Anregung zu dienen. Andererseits kann auch vieles selbst hergestellt werden. Wer einen Garten zur Verfügung hat, wird manche Anregung zur Gestaltung einer für das Kind attraktiven »Bewegungslandschaft« oder »Bewegungsbaustelle« verwirklichen können (vgl. im Lit.-Verzeichnis unter Miedzinski und Sinnhuber).

Übungsanregungen für 2jährige

Hand- und Fußgeschicklichkeit

Turm aus 3–6 massiven Würfeln bauen.
6 ineinander passende Hohlwürfel aus- und einräumen.
Verschieden große Einsatzzylinder in die passenden Vertiefungen eines Holzblockes oder Brettes stecken.
Erbsen einzeln aufnehmen und in eine Dose tun.
Buchseiten einzeln umblättern.
Puppenkleid mit einem nicht zu kleinen, gut knöpfbaren Knopf auf- und zuknöpfen.
Wegwerfen und Wiederbringen verschiedener Gegenstände.
Schlagen und Treten eines an einer Schnur befestigten Ballons.
Kicken eines liegenden Balles.
Ballzurollen im Grätschsitz gegenüber als Partnerübung.

Gleichgewicht

Freier Stand auf einer Erhöhung (Backstein, niedrige Kiste, Fußbank usw.).
Gehen auf den Zehenballen.
Rückwärts gehen.
Über ein am Boden liegendes Brett balancieren.
Schieben eines Kinderwagens.
Ziehen von kleinen Gegenständen.

Steigen und Klettern

Kleine Hindernisse überwinden (mit Decken abgepolsterte Kiste).
Unter Hindernissen hindurchkriechen (Hocker, Stuhl, Bank).
An einer Hand geführt über kleine Zwischenräume steigen (z. B. von Backstein zu Backstein, von Kiste zu Kiste).
Allein auf einen Stuhl steigen, die Lehne fassen und stehen.
Treppen hinauf- und hinabkrabbeln.
Aufrechtes Treppensteigen mit Handfassung am Geländer; hinunter zunächst noch an einer Hand geführt, später allein am Geländer.

Laufen und Springen

10 Meter laufen ohne hinzufallen.
Eine kurze Strecke rückwärts gehen.
Beidbeiniges Hüpfen am Ort.
Über Kreidestrich oder liegende Schnur, später über kleinere Kissen usw. springen, mit und ohne Anlauf.
Niedersprung vom Sandkastenrand an der Hand, später allein.

Übungsgeräte für 2jährige

Schaukel, Wippe, große Kartons zum Hüttenbauen.
Große Schaumstoffblöcke (Abfallstücke).
Leere Waschpulvertonnen zum Rollen. Lkw-Schläuche, Autoreifen zum Aufeinanderlegen sowie gepolsterte Bretter zum Daranlehnen, auch Decken oder Teppichreste zum Drüberlegen.
Riesenluftballon, großer Wasserball.
Dicke Papprollen, Hohlwürfel, Plastiktöpfe, -teller und -tassen.

Übungsanregungen für 3jährige

Hand- und Fußgeschicklichkeit

Brücke (Tor) aus 3 Würfeln, Turm aus 9 Würfeln bauen.
Perlen auf Schnürsenkel mit fester Spitze aufreihen.
Viel Gelegenheit zum Kritzeln auf großer Papierfläche geben (Packpapier); das übt spielerisch die Handgeschicklichkeit.
Erste Versuche, einen Kreis oder ein Kreuz nachzuzeichnen.
Mit Wasser gefüllte Tassen oder Becher behutsam tragen.
Abtrocknen von Plastiktellern und Plastiktassen.
Wolljäckchen selbst aufknöpfen und ausziehen.
Ohne Hilfe in die eigenen Schuhchen hineinschlüpfen.
Ohne Hilfe essen und trinken (Löffel und Tasse gebrauchen).
Hochgeworfenen Luftballon mit Hand oder Fuß treffen.
Ballfangen und -werfen aus kürzester Entfernung mit Partner (der Ball muß dem Kind in die geöffneten Hände gezielt werden).
Erste Versuche, einen Tennisball einhändig wegzuwerfen (es muß sich erst langsam die Fähigkeit entwickeln, den Ball im rechten Augenblick, nämlich am Ende der Wurfbewegung loszulassen).

Gleichgewicht

Freies Stehen auf Stuhl, Bank oder Tisch.
Während 2 Sekunden einbeiniges Stehen am Boden.
Frei über ein wenig erhöhtes Brett gehen (Breite 30–40 cm).
An der Hand über Stuhlreihe, Mauer, dicken Balken usw. gehen.
Über die Sprossen einer am Boden liegenden Leiter steigen.
Beginn des Rollerfahrens mit einem kleinen Roller.

Steigen und Klettern

Auf einen Stuhl steigen und dort frei stehen.
Hüfthohe Hindernisse (Sitzkissen, Truhe, Kiste) überklettern.
Mäßig steiles schiefes Brett auf allen vieren emporkrabbeln.
Nicht zu steile Treppe unter Abwechseln der Füße hinauf- und hinuntergehen, zunächst mit Halt am Geländer, später frei.
Frei über Zwischenräume von 10–20 cm steigen (Kisten, Backsteine).

Laufen und Springen

Laufspiele auf der Wiese: Pferdchen mit Seil oder Riemen; Abwechselndes Fangenspielen mit Partner (hier lernt das Kind schnell seine Richtung zu ändern und plötzlich anzuhalten).
Beidbeiniges Abspringen von der untersten Treppenstufe.
Erste Versuche, einbeinig am Ort zu hüpfen.
Weitsprung über 10–20 cm breites Taschentuch, Kissen usw.
Hochsprung über 5 cm.
Krabbeln auf allen vieren (Füße und Hände gebrauchen).
Purzelbaum mit weit gegrätschten Beinen auf weicher Unterlage.
Schnelles Aufstehen auf Zuruf (aus Sitz, Bauchlage, Rückenlage).

Übungsgeräte für 3jährige

Böcke, Kisten und Bretter für Steig- und Balancierflächen, z. B. schiefe Ebene, Brücke, Treppe, Wippe.
Luftballons, Bälle mit griffiger Oberfläche, Tennisringe.
Dreirad, Tretauto, kleiner Roller.

Übungsanregungen für 4jährige

Hand- und Fußgeschicklichkeit

Freies Bauen mit großen Bauklötzen (Holzabfälle).
Ausschneideübungen mit runder Schere (alte Kataloge).
Erste Versuche, Kreise, Dreiecke, Vierecke, Buchstaben nachzuzeichnen.
Behutsames Tragen von fast randvoll gefüllten Tassen.
Wasser behutsam von einem Becher in den anderen gießen.
Streuzucker mit dem Löffel selbst in die Tasse geben.
Sich selbst Hände und Gesicht waschen und abtrocknen.
An- und Auskleiden mit kleinen Hilfen; auf- und zuknöpfen.
Geduldspiele, z. B. Maus in die Falle schütteln.
Ballzuwerfen und -fangen als Partnerübung (Abstand 1 bis 2 Meter).
Ballweitwurf mit über den Kopf erhobenen Armen.
Ball selbst ein wenig hochwerfen und wieder fangen.
Ball aus 2 Meter Abstand gegen die Wand werfen und ihn fangen, nachdem er einmal auf den Boden aufgetroffen ist.
Ball mit einer Hand mehrmals auf den Boden prellen.
Fußball in Gegenüberstellung als Partnerübung, z. B. im Flur.
Ball in einen liegenden, großen Reifen werfen (Abstand 1 bis 2 Meter).
Schwebenden Luftballon mit der Hand mehrmals hochschlagen.
Zielrollen mit Ball oder Kugel (Kegeln).
Kegel, schmale Büchse usw. mit dem Fuß umtreten, rechts und links.
Brusthoch aufgestellten Korken aus dem Angehen mit ausgestreckter Hand herunterstoßen, abwechselnd rechts und links.

Gleichgewicht

Kurzzeitiges Erheben in den Zehenballenstand.
Stand auf einem Fuß, abwechselnd links und rechts, während 5 Sekunden.
Frei über Backsteinreihe, Mauer, Baumstamm usw. balancieren.
Auf Kreidestrich (Kreis, Acht) gehen mit Abweichungen.
Im Gehen ein Sandsäckchen (Tennisring) auf dem Kopf tragen (es fällt anfangs noch schwer, das Köpfchen geradezuhalten!).
Rollerfahren mit Ballonroller; Gleitversuche mit Kurzski.

Steigen und Klettern

Frei über Zwischenräume von 20–30 cm steigen.
Schiefe Ebene geringer Steigung frei emporgehen.
Treppensteigen mit Gegenständen in beiden Armen (Teddy, Puppe).
Erklimmen engsprossiger Leitern (Sprossenwand, Kletterturm).

Laufen und Springen

Laufspiele: Wettlauf; Fangenspielen; rollenden Reifen einholen.
5 fortlaufende Vorwärtshüpfer mit geschlossenen Füßen.
Einbeinhüpfen am Ort, später vorwärts.
Herabspringen von 30–50 cm Höhe (Kiste, zweitletzte Treppenstufe).
Standsprung auf 10–15 cm hohe, mit Sitzkissen gepolsterte Kiste.
Überspringen einer Schnur in gleicher Höhe.
Überspringen eines langsam entgegengerollten Stabes (Papphülse).
Kreidestrich (liegendes Seil) in Längsrichtung fortlaufend seitlich mit geschlossenen Füßen (Schlußsprung) überspringen.
Anlaufweitsprung ohne Stoppen beim Absprung, 30 bis 40 cm weit.
Häschenhüpfen; Vierfüßlergang, Dreifüßlergang (ein Bein gehoben).
Schnelles Aufstehen auf Zuruf aus dem Sitzen oder Liegen mit Gegenständen (Ball, Puppe) in einem oder in beiden Armen.

Übungsgeräte für 4jährige

Klettergerüt mit Rutschbrett und Leiter.
Ringe, Trapez und Schaukel (auch für Türrahmen).
Sandsäckchen mit doppeltem Bezug (auch mit Salz zu füllen).
Abfallholz zum Bauen, Wachsstifte zum Malen, Knetmaterial.
Perlen zum Einfädeln; Holzkonstruktionsbaukasten.
Kleiner Ballonroller, Handwagen, Holländer, Schubkarre.
Trimmpolin (Mini-Trampolin).

Übungsanregungen für 5jährige

Hand- und Fußgeschicklichkeit

Puppen selbständig aus- und ankleiden.
Sich selbst fast allein aus- und ankleiden (trotzdem tut es das Kind nicht gern; man sollte es nicht täglich fordern!).
Knoten machen (Schleifenbinden ist meist noch zu schwer).
Spule mit 1–2 Meter Bindfaden auf- und abwickeln.
Brotscheiben selbst bestreichen.
Geduldspiele: zwei Mäuse durch Schütteln in die Falle bringen.
Ball selbst hochwerfen und wieder fangen.
Ball gegen die Wand werfen und sofort wieder auffangen.
Zugeworfenen Ball auffangen (Beginn des »Zangengriffs«).
Ball mit einer Hand so oft wie möglich auf den Boden prellen.
Fußball als Partnerspiel, nun auch in der Bewegung.
Luftballon mit kleinem Brettchen fortlaufend hochschlagen.
Ballzielwerfen, z. B. durch hochgehaltenen Reifen.
Exakt zugespielte Tennisringe durch Armhinhalten auffangen.
Kegel (Büchse) aus dem Angehen mit dem Fuß umtreten.
Korken aus dem Angehen mit dem Zeigefinger herunterstoßen.
Fangtrichterspiel (Bällchen wird mittels Schnepper in die Luft geschleudert und dann wieder im Trichter aufgefangen).

Gleichgewicht

Einbeinstand während 5–10 Sekunden (rechts und links üben!).
Während 10 Sekunden auf beiden Zehenballen (Fußballen) stehen.
Über liegende Leiter aufrecht von Sprosse zu Sprosse gehen.
Über 10–20 cm hohen, kantigen Balken balancieren.
Hinsetzen und aufstehen mit einem Säckchen (Brettchen) auf dem Kopf.
Hinknien und wieder aufstehen ohne Benützung der Hände; desgleichen Hinsetzen.
Erste Versuche mit Kinderfahrrad und Rollschuhen.

Steigen und Klettern

Frei über Zwischenräume von 30–40 cm steigen.
Ohne Benützung der Hände auf einen Stuhl steigen.
Eine schiefe Ebene (Brett, Rutsche) frei hinauf- und hinabgehen.
Treppengehen mit einem gefüllten Becher in der Hand.
Leitern hinauf- und hinuntersteigen.
Klettergerüste und kleinere astreiche Bäume erklimmen.

Laufen und Springen

Schnelles Laufen und Abstoppen auf Zuruf.
Überholen eines rollenden Reifens (später selbst anrollen).
Fortlaufendes Einbeinhüpfen, links und rechts wechselnd.
Überspringen einer entgegengerollten, größeren Papprolle.
Herabspringen aus 50–80 cm Höhe auf weiche Unterlage (Sand).
Einen Sandhang aus dem Anlauf herabspringen (Weittiefsprung).
Hinaufspringen oder Überspringen einer Höhe von 15 bis 20 cm.

Übungsgeräte für 5jährige

Balancierbalken, liegender Kletterbaum.
Wippe (selbstgefertigt), auch als drehbare Wippe.
Holzreifen, Plastikreifen, Kegel mit Kegelkugel.
Gummischnur zum Überspringen, Springseil.
Heimreck, zwischen Türrahmen mühelos und ohne Beschädigung des Rahmenholzes anzudrehen.
Steckbausteine, Zusammensteckspiele, Ausschneidebogen.
Kinderfahrrad, Leiterwagen, Puppenwagen.

Übungsanregungen für 6jährige

Hand- und Fußgeschicklichkeit

Spielkarten möglichst rasch austeilen.
Zwei Karten aneinanderlehnen, ohne daß sie umfallen.
Schleife binden lernen (manche lernen es erst mit 7 Jahren).
Selbständiges An- und Auskleiden (wird meist ungern getan).
Etwas leise tun: fast unhörbares Gehen (schleichen), Türöffnen, auf einen Stuhl steigen, unter einem Tisch durchkriechen.
Ringe-Wurfspiel: Zielwerfen mit Holz- oder Gummiringen aus geringem Abstand, z. B. auf die Beine eines schrägliegenden Stuhls.
Ballzielwurf auf kopfhohes Ziel aus 2–3 Meter Abstand.
Luftballon abwechselnd mit Hand, Fuß, Ellbogen und Knie treffen.
Vervollkommnung aller schon früher angeführten Ballübungen; auch Fußballtorwart spielen lassen in anfangs engem Tor.
Erste Versuche, den gelben »Bali«-Impander frei zusammenzuschwingen; dieses Gerät vermittelt zugleich anregende Reize für Kreislauf und Muskeln, es bringt Ausdauer und Kraft und erzielt letztlich eine gute, straffe Haltung beim Kind.
Fangtrichterspiel wie bei 5 Jahre.

Gleichgewicht

Während 10 Sekunden auf einem Bein stehen (mal rechts, mal links).
Mit einem Gegenstand auf dem Kopf eine schiefe Ebene hochgehen.
Frei über die Sprossen einer etwas erhöht liegenden Leiter gehen.
Frei über niedrigen Rundbalken oder 5 cm breite Latte balancieren.
Allein mit dem Kinderfahrrad fahren (Kurventechnik).
Rollschuhlaufen; erste Versuche im Eis- und Skilaufen.

Steigen und Klettern

Ohne Hilfe auf einen Tisch steigen.
Von einem Tisch zum anderen steigen (Abstand bis 50 cm).
Mit zwei gefüllten Bechern über kleinere Hindernisse steigen.
Verschiedenartige Klettergerüste und Bäume besteigen.
An griffhohen Ringen in den Beugehang springen (Klimmzug).
Schwingen an Ringen, Tau oder Reckstange.

Laufen und Springen

20 Meter schnell laufen (Zeit: 5 Sekunden).
Im schnellen Lauf auf Zuruf wenden und zurücklaufen.
Einbeiniges Hüpfen auf vorgezeichneter Schlangenlinie.
Einbeiniges Streckenhüpfen über 10 m.
Kästchenhüpfen als Spiel.
Drehsprung aus dem Stand mit ¼ Körperumdrehung.
Hochspringen und dabei in die Hände klatschen.
Hochsprung aus dem Stand über 20–25 cm.
Anlaufhochsprung über 30–40 cm hohe Schnur.
Weitsprung aus dem Stand: 80 cm.
Elastischer, federnder Niedersprung aus 50–80 cm Höhe.
Tigersprung: Sprung aus der tiefen Hocke über einen liegenden Stab, wobei die Hände zuerst aufkommen und kurz danach die Füße.
Erste Versuche, das Seilspringen zu erlernen. Dabei soll das Kind anfangs nur das Seil von hinten her über den Kopf schwingen. Dann hüpft es über die vor ihm liegende Schnurmitte hinweg.

Übungsgeräte für 6jährige

Klettergeräte: Kletterwand, Kletternetz, Kletterbogen.
Kletterbaum, aufrecht einzementiert.
Universalturngerät »Lüneburger Stegel« (Sporthandel).
Plastikbaukasten, Puzzlespiele, Kartenspiele (Quartett, Lotto).
Impander (»Bali-Gymnastikgerät gelb«).
Rollschuhe, Ski (Rutscher).
Fangtrichterspiel mit Schneppervorrichtung.
Ringe-Wurfspiel, auch kombiniert mit Ballwurfspiel.
Teller-Luftschaukel mit nur einem Halteseil, nach allen Richtungen pendelnd, für Teppichstange etc.

Übungsanregungen für 7jährige

Hand- und Fußgeschicklichkeit

Mit dem Schnürsenkel eine Schleife binden.
Hinsetzen und Aufstehen mit zwei gefüllten Wasserbechern.
Holz- oder Metallgegenstände unhörbar auf den Fußboden legen.
Zwei Holzreifen (Holzteller) auf dem Fußboden durch Andrehen tanzen lassen und ihnen immer wieder neuen Drehschwung geben.
Zugeworfenen Gummiring durch Handdurchstecken auffangen.
Ringe-Wurfspiel (wie bei 6 Jahre).
Ballzielwürfe in überkopfhohen Korb (Korbball).
Luftballon nur durch Fußstöße in der Luft halten.
Auf dem Stuhl stehend, den Ball auf den Boden prellen.
Beginn des Ballprellens im Gehen, einhändig (Dribbeln).
Ballzuwerfen mit Partner im Gehen (auch Zuprellen).
Leichte Wurf- und Fangspiele, z. B. »Magneto«-Wurfspiel (Spielwaren- und Sporthandel).

Gleichgewicht

Während 15 Sekunden auf den Zehenspitzen (Fußballen) stehen.
Beim Balancieren über einen Kreidestrich Hacke an Spitze setzen.
Balance auf niedrigem Rundbalken, dabei wippen und knien.
Vorsichtiges Laufen mit Gegenstand (Sandsäckchen) auf dem Kopf, desgleichen langsam in die Bauchlage gehen.
Erste Versuche im Stelzenlaufen.
Erste Versuche, frei auf dem Sportkreisel zu stehen.
Weiteres Üben mit Fahrrad, Rollschuh, Schlittschuh und Ski.

Steigen und Klettern

Wie bei 6 Jahren. Dazu erste Versuche, an Kletterstange oder Tau emporzuklimmen (Kletterschluß der Beine bereitet meist noch große Schwierigkeiten).

Laufen und Springen

30 Meter schnell laufen (Zeit: 7–8 Sekunden). Start auch aus dem Sitzen und Liegen.
Kleinere Wettläufe, auch um Wendemarken herum.
15 m auf einem Bein (rechts und links) hüpfen.
Weiteres Üben elastischer Niedersprünge von verschiedener Höhe.
Hochspringen und dabei zweimal in die Hände klatschen.
Standhochsprung über 25–30 cm hohe Schnur.
Weitsprung aus dem Stand über 85 cm.
Anlaufsprung über einen Graben oder über Hindernisse.
Drehsprung aus dem Stand mit halber Körperumdrehung.
Anlaufsprung über eine niedrige Schnur und gleich danach darunterdurchkriechen und zum Ausgangspunkt zurücklaufen.
Aus der Hocke durch einen senkrechten Reifen springen, mit und ohne Anlauf (vgl. Tigersprung bei 6 Jahren).
Seilspringen, mehrmals hintereinander (gelingt nicht jedem!).
Hampelmannsprünge üben (siehe 8 Jahre).

Übungsgeräte für 7jährige

Weitsprunggrube (gefüllt mit Sägemehl, Torf oder Sand).
Klettertau, Kletterstange, Reck (auch als Türrahmenreck).
Stelzen, Balancegerät »Sportkreisel« oder »Therapiekreisel«.
Werkzeugkasten, Handarbeitsmaterial.
»Magneto«-Wurfspiel (Federball mit magn. Handzielscheibe).
Trampolin (ist an kein Alter gebunden und kann schon gut bei 3–4jährigen angeschafft werden).
Vierrad-Pedalo (balanceschulend!).

Übungsanregungen für 8jährige

Hand- und Fußgeschicklichkeit

Drei Holzreifen gleichzeitig tanzen lassen (wie 7 Jahre).
Ballprellen im langsamen Lauf, links und rechts abwechselnd.
Schlagballweitwurf (Jungen 10–15 m, Mädchen 5–10 m).
Im Lauf den Ball selbst hochwerfen und wieder fangen.
Ballzuwerfen als Partnerübung im leichten Lauf.
Fußball im leichten Lauf dem Partner zuspielen.
Ausweichen vor einem geworfenen Ball.
Ballzielwürfe (Korbwürfe) aus dem Angehen und im Vorbeigehen.
Beginn des Handfederballspiels (Federball, mit Hand geschlagen).
Pfauenfeder senkrecht auf der Hand balancieren.

Gleichgewicht

Weiteres Üben auf dem Sportkreisel (Kniestand, Einbeinstand).
Auf dem Rundbalken (Schwebebalken) rückwärtsgehen, dabei Drehungen ausführen, durch einen Reifen, über einen Stab steigen.
Weiteres Vervollkommnen im Stelzenlaufen.

Steigen und Klettern

Sprung in den Klimmzug an Reckstange, Ringen oder Tau mit möglichst langem Verweilen im Beugehang.
Sprung zum Streckstütz an brusthoher Reckstange, am Balken usw., dasselbe möglichst oft wiederholen und später die Höhe steigern.

Laufen und Springen

40 Meter schnell laufen (Zeit: 8–9 Sekunden).
Staffelwettlauf mit Gegenständen in den Händen.
Hindernislauf über Kisten, Tische, Mauern, Graben und dergl.
Auf einem Bein hüpfend, einen Holzwürfel etwa 5 Meter weit vor sich hertreiben, indem der Fuß des Hüpfbeines ihn stößt.
Drehsprung aus dem Stand mit ¾ Körperumdrehung; aus dem Anlauf (z. B. über eine niedrige Schnur) mit halber Drehung.
Weitsprung aus dem Stand: 90 cm.

Strecksprung: aus der Hocke hochspringen und den Körper strecken.
Niedrige Schnur oder Ballreihe in Längsrichtung fortlaufend seitlich mit geschlossenen Füßen (im Schlußsprung) überspringen.
Aus der Hocke durch zwei parallel gehaltene, senkrechte Reifen springen (Tigersprung).
Standsprung über 30 cm hohe Schnur.
Seilspringen flott hintereinander.
Einspringen in das geschwungene Seil. (Es kann auch an einem Ende hüfthoch befestigt und so geschwungen werden.)
Erste Versuche, das Radschlagen zu erlernen.
Den »Hampelmann« flüssig ausführen: Aus der Grundstellung wird mit den Füßen in die Seitgrätschstellung gesprungen; gleichzeitig klatschen die Hände über dem Kopf zusammen.

Übungsgeräte für 8jährige

Fahrrad, Ski, Schlittschuhe, Rollschuhe.
Hohe Hangwippe (die Kinder wippen daran im Hängen).
Handfederball (z. B. »Indiaca«-Spiel). »Knies-Doppelklöppel«, »Roll-Wipp« (Brett, auf Pvc-Rolle liegend).
Konstruktionsbaukasten.

Übungsanregungen für 9jährige

Hand- und Fußgeschicklichkeit

Stab kurzzeitig senkrecht auf der Hand balancieren.
Vier Holzreifen gleichzeitig tanzen lassen (wie bei 7 Jahre).
Ball hochwerfen und vor dem Fangen mehrmals in die Hände klatschen oder halbe Körperdrehung ausführen.
Ballprellen auf den Boden und dabei etwas auf dem Kopf balancieren.
Ball mit dem Fuß führen und ihn behutsam vorwärtsstoßen.
Ball mit einer Hand fangen (Tennisball, Schlagball).
Schlagballweitwurf (Jungen 25 m, Mädchen 10–15 m).
Schlagballzielwurf auf rollenden, größeren Ball.
Hoch aufgehängten oder gehaltenen Pendelball oder Luftballon im Ansprung aus dem schnellen Lauf zu treffen versuchen.
Zugeworfenen Ball mit beiden Fäusten wegboxen.
Beginn von Partner- und Mannschaftsspielen: Federball, Boccia, Ringtennis, Handball, Fußball, Völkerball u. dgl.

Gleichgewicht

Stand auf einem Bein mit geschlossenen Augen, links und rechts.
Auf dem Balancierbalken: Vierfüßlergang, Sitz, wieder aufstehen.
Auf dem Sportkreisel: Aufsprung aus dem Stand, Kniebeuge, Ball fangen und zurückwerfen, sich selbst mit dem Kreisel drehen.
Gleichgewichtskampf als Partnerübung: Aus dem Einbeinstand in Gegenüberstellung, die Hände überkreuzt gefaßt (rechte in rechte Hand), versucht man durch Ziehen und Drücken, den anderen aus dem Gleichgewicht zu bringen. Verloren hat, wer den erhobenen Fuß auf den Boden setzen muß.

Steigen und Klettern

Schiefe Ebene großer Steigung mit Anlauf hinauflaufen, oben umwenden und nun so langsam wie möglich hinuntergehen.
Klettersteigen an zwei Kletterstangen (rechts und links gefaßt).
Klimmzüge üben, aus dem Ansprung und nun auch aus dem Hang.

Laufen und Springen

50 Meter schnell laufen (Zeit etwa 10 Sekunden).
Möglichst schnell rückwärts laufen.
Aus dem Stand hochspringen und dreimal in die Hände klatschen.
Drehsprung aus dem Stand mit ganzer Umdrehung.
Aus der Hocke durch einen langsam rollenden Reifen springen.
Hinaufsprung zum Stand auf niedrigem Balken;
Niedersprung als Strecksprung, danach weich am Boden abfedern.
Weitsprung ohne Anlauf: 1 m.
Hochsprung ohne Anlauf über 35–40 cm hohe Schnur.
Hochsprung mit Anlauf (etwa 60–80 cm hoch).
Weitsprung mit Anlauf (etwa 2,50 m).
Beginn des Bockspringens über bauchhohe, schmale Hindernisse.
Radschlagen, mehrmals hintereinander.

Übungsgeräte für 9jährige

Federball, Boccia (Handwurfspiel), Hockey-Schläger.
Fußball, Schlagball, Tennisball, »Speedball«.
Schmaler Balancierbalken. Zweirad-Pedalo.
Werkzeugkasten.

Übungsanregungen für 10jährige

Hand-, Fuß- und Kopfgeschicklichkeit

Stab senkrecht auf dem Zeigefinger balancieren.
Ball durch Tore oder in der Art des Slalom um Hindernisse herumführen: mit kurzem Stab, mit dem Fuß oder durch Ballprellen.
Ball im Stand hochwerfen, im Sitz fangen und umgekehrt.
Ball hochwerfen und vor dem Fangen eine ganze Drehung machen.
Ball gegen die Wand werfen und nach Drehung wieder fangen.
Ballköpfen gegen die Wand oder als Partnerübung.
Zwei Bälle fortlaufend gegen die Wand spielen.
Mit einem größeren Ball auf einen rollenden Reifen werfen, wobei der obere Reifenrand getroffen werden soll.
Schlagballweitwurf (bei Jungen 30, bei Mädchen 15 m).
Treffen eines hochgeworfenen Schlagballes mit dem Schlagholz.
Korbwürfe auf überkopfhohen Korb aus dem Lauf oder Sprung.
Beginn des Tischtennisspiels und des Krocket-Rasenspiels (Zielschlagen mit Schlägern und Holzkugeln).

Gleichgewicht

Stand auf den Zehenspitzen mit geschlossenen Augen.
Zehenspitzengehen auf dem Balancierbalken.
Hahnenkampf als Partnerübung: Die Arme vor der Brust verschränkt, hüpft man einbeinig aufeinander los, um den anderen durch Anrempeln oder auch durch geschicktes Ausweichen aus dem Gleichgewicht zu bringen.
Weiteres Üben mit dem Sportkreisel, z. B. Ballprellen.

Steigen und Klettern

Schiefe Ebene möglichst langsam herauf- und heruntergehen; Steigung soweit erhöhen, daß die nackten Füße noch Halt finden.
An zwei Kletterstangen ohne Beihilfe hochhangeln.
Weites Schwingen an Ringen und Tauen.

Laufen und Springen

60 Meter schnell laufen (etwa 10 Sekunden).
1–2 Kilometer langsam laufen, anfangs mit Gehpausen dazwischen.
15 m in 5 Sekunden auf einem Fuß hüpfend bewältigen.
Auf einem Fuß hüpfend, einen Stein in ein 5 m entferntes, kleines Tor hineinbefördern (vgl. Hüpfübung für 8jährige).
Aus dem Stand hochspringen und dabei an die Fersen schlagen.
Vom Fersensitz auf dem Boden in den Stand springen.
Hochsprung ohne Anlauf über 40–45 cm hohe Schnur.
Hochsprung mit Anlauf über 80–90 cm hohe Schnur.
Weitsprung ohne Anlauf (etwa 1,20 m).
Weitsprung mit Anlauf (etwa 3 Meter weit).
Mit kurzem Anlauf auf einen Stuhl springen, ohne daß dieser umkippt (Hilfestellung!); anfangs Lehne fassen.
Seilspringen einbeinig im Wechsel oder im Laufen.
Bocksprünge, bauch- bis brusthoch.
Radschlagen am laufenden Band.

Übungsgeräte für 10jährige

Tischtennis, Krocket (Schlag-Zielspiel für den Rasen).
Punching-Boxball, Ruderapparat (erhöht Kraft und Ausdauer).
Sprungstock (Federstelze) als dynamisches Balanciergerät.
Pedalo als fahrbares Balanciergerät.
Niedriges Drahtseil zum Balancieren.
Experimentierbaukasten.

Weiterführende Literatur

Beudels, W., Lensing-Conrady, R., Beins, H. J.: ...das ist für mich ein Kinderspiel. Handbuch zur psychomotorischen Praxis. Dortmund: borgmann 1994

Ehrlich, P., Heimann, K.: Bewegungsspiele für Kinder. Dortmund: borgmann ^{3}1990

– Bewegungsspiele mit dem Pedalo. Dortmund: borgmann ^{2}1992

Diem, L.: Auf die ersten Jahre kommt es an. Intelligenz durch Bewegungstraining. Stuttgart: DVA 1976

Dordel, S.: Bewegungsförderung in der Schule. Dortmund: modernes lernen ^{2}1992

Kiphard, E. J.: Bewegungsauffälligkeiten bei Kindern. Aktionskreis Psychomotorik e.V., Kleiner Schratweg 32, 32657 Lemgo 1988

– Wie weit ist ein Kind entwickelt? Dortmund: modernes lernen ^{7}1991

– Motopädagogik. Dortmund: modernes lernen ^{5}1992

–, *Leger, A.:* Psychomotorische Elementarerziehung (Bildband). Gütersloh: Flöttmann ^{3}1986

Kunz, T.: Weniger Unfälle durch Bewegung. Schorndorf: Hofmann 1993

Liebrich, K., Schubert, H.: Auf den Schwingen der Bewegung und Phantasie. Übungen und Spiele. Donauwörth: L. Auer 1993

Mertens, K.: Körperwahrnehmung und Körpergeschick. Dortmund: modernes lernen ^{2}1991

–, *Wasmund-Bodenstedt, U.:* 10 Minuten Bewegung. Dortmund: modernes lernen ^{2}1991

Miedzinski, K.: Die Bewegungsbaustelle. Dortmund: modernes lernen ^{5}1993

Scheid, V., Prohl, R.: Kinder wollen sich bewegen. Dortmund: modernes lernen ^{2}1989

Schilling, F.: Spielen – Malen – Schreiben. Dortmund: modernes lernen ^{9}1990

Sinnhuber, H.: Spielmaterial zur Entwicklungsförderung. Dortmund: modernes lernen ^{4}1991

– Optische Wahrnehmung und Handgeschick. Dortmund: modernes lernen ^{3}1993

Sportjugend NW (Hrsg.): Praktische Anregungen für Kinder mit

mangelnden Bewegungserfahrungen. Duisburg, Friedrich-Alfred-Str. 25, 1995
Stübing, A.-D., Lutz, B.: Die tägliche Bewegungszeit. Wiesbaden: Hessisches Institut für Bildungsplanung 1992
Zimmer, R., Circurs, H.: Psychomotorik. Schorndorf: Hofmann 1993
–,– (Red.): Kinder brauchen Bewegung. Brauchen Kinder Sport? Aachen: Meyer & Meyer 1992

Hersteller und Vertriebe von Geräten

Holz-Hoerz (Pedalo-System, Stelzen usw.), Postfach 11 03, 72521 Münsingen
Loquito Bewegungsbauteile, Manfred Meckel, 57399 Kirchhundem
Karl H. Schäfer, Psychomotorische Übungsgeräte, Großer Kamp 6–8, 32791 Lage-Heiden
Spielzeuggarten Hans Staneker. Scheiblauer-Material (Rhythmische Erziehung), Karl-Brennenstuhl-Str. 14, 72074 Tübingen
Sport-Thieme (Rompa-Service), 38367 Grasleben
Wehrfritz GmbH. Kindergarten-Spiel- und -Sportgeräte, Postfach 11 07, 96473 Rodach

Linkshändige Kinder in Familie und Schule

Von Alfred Zuckrigl

Linkshänder gibt es überall und zu allen Zeiten. Manche haben Schwierigkeiten in der Rechtshänderzivilisation und können sich nicht ihrer Veranlagung gemäß entfalten. Der Verfasser, der auf diesem Gebiet auf reiche Erfahrung zurückgreifen kann, ist besonders berufen, Eltern, Kindergärtnerinnen, Erziehern und Lehrern das Erscheinungsbild zu zeichnen, sie zu beraten und wissenschaftlich begründete Entscheidungshilfen, u. a. für die Wahl der Schreibhand, anzubieten. Neben Funktionsproben und Testverfahren werden vor allem Methoden aufgezeigt, linksveranlagte Kinder zu fördern.

Das Erscheinungsbild der Linkshändigkeit
Manche Linkshänder haben Schwierigkeiten
Bedingungen der Linkshändigkeit
Vererbung
Erworbene Händigkeit
Ist Beidhändigkeit ein Idealzustand der Ausgeglichenheit?
Ein Rückschritt in der Menschheitsentwicklung?
Arbeitsteilung oder Dominanz?
Häufigkeit der Linkshändigkeit
Linkshändigkeit und Geschlechtszugehörigkeit
Ausprägungsgrade der Händigkeit

Sprache und Linkshändigkeit
Händigkeitsentwicklung und Sprachentwicklung
Linkshändigkeit und Sprachbehinderungen
Beziehungen zum Stottern
Lese-Rechtschreib-Schwächen bei Linkshändern
Behandlung von Sprachbehinderungen und Lese-Rechtschreib-Schwäche

Funktionsproben der Seitigkeit
Rechts-Links-Unsicherheit
Feststellung der Veranlagung zur Linkshändigkeit
Linksäugigkeit
Schielen
Linksfüßigkeit
Zungigkeit
Ohrigkeit

Kreistraining zur Stärkung anlagemäßiger Seitigkeit
Bewährte Handfunktionsproben
Geeichte Testverfahren

Mit welcher Hand soll geschrieben werden?
Eine falsche Lehrmeinung
Soll man Linkshänder links schreiben lassen?
Umgewöhnung – »primum non nocere«!
Das Überwiegen einer Seitigkeit bestimmt die Entscheidung
Methodisches Vorgehen bei der Umschulung
Linkshändiges Schreiben
Zur Methodik der Rückerziehung zur Linkshändigkeit
Förderungsmöglichkeiten bei pathologischer Linkshändigkeit

Linkshänder im Beruf
Intelligenz und Linkshändigkeit
Linkshänder – Stenografie
Vorteile der Linkshändigkeit
Linkshänderinitiativen!

Zehn Leitsätze

»Kinder sind Kinder«, 1. – 96 Seiten. Tb (ISBN 3-497-01370-6)
Ernst Reinhardt Verlag München Basel

Kinder erleben und verstehen

Von Gertraud Kietz

Kinder sind Menschen mit Vorzügen und Schwächen wie wir. Es gibt sprühende Phantasien und nüchterne Realisten, muskelstarke Robuste und zarte Sensible, kecke Naseweise und zaghaft Schüchterne – und alle sind sie liebenswert. Jedes Kind ist völlig einmalig, wie es auf der ganzen Welt kein zweites gibt. Wenn wir es allein mit dem Verstand erfassen wollen, bleibt uns das Wichtigste verborgen. Wir brauchen vor allem ein achtsames Hinschauen und Hinhören, ein einfühlendes Mitschwingen und Antworten aus liebendem Herzen heraus. Nur aus solchem Verstehen wird die behutsame und klare Führung erwachsen, die das Kind braucht. Das Buch ist deshalb für jeden Erwachsenen bestimmt, dem irgendwo und irgendwann Kinder begegnen.

»Kinder sind Kinder«, 4. – 103 Seiten. Tb (ISBN 3-497-00987-3)
Ernst Reinhardt Verlag München Basel

Schule – unheimlich wichtig

Von Heinrich Kratzmeier

Schule ist wichtig. Sie ist gewichtig für alle, die mit ihr zu tun haben: Lehrer, Eltern, Erzieher – vor allem für die Kinder. Für die Kinder entscheidet die Schule über ihre Bildung, oft über ihre Ausbildung, ihren Lebensberuf, manchmal über ihr Schicksal. Deshalb ist Schule auch unheimlich. Eltern haben Angst davor, was die Schule aus ihren Kindern machen könnte, Lehrer fürchten sich vor der Verantwortung, und Kinder haben Angst vor der Schule, weil sie die Angst der Eltern, die Unsicherheit der Lehrer und Erzieher spüren. Wenn wir sagen, es sei etwas »unheimlich wichtig«, dann haben wir schon den Schlüssel gefunden, die Unheimlichkeit zu überwinden – indem wir miteinander sprechen.

Schulstreß muß nicht sein
Lebensgefährlicher Schulweg
Probleme im Schulbus
Noten sind fragwürdig
Die Konkurrenz der Geschwister
Hausaufgaben – richtig verstanden
Eltern und Lehrer im Gespräch
Lob und Tadel
Mitbestimmung für Kinder
Die Leseschwelle
Probleme beim Diktat
Ein Kind kann sich nicht konzentrieren
Legasthenische Kinder
Im Turnen eine Niete
Kontakte mit behinderten Kindern
Kein Geld für das Zeugnis
Wenn Kinder ausreißen
Kinder mit blauen Flecken
Spielzeugpistolen – Pistolen als Spielzeug?
Mehr Urlaub für gestreßte Kinder
Regenwürmer, auch wenn's schwerfällt
Kinder brauchen Zeit

»Kinder sind Kinder«, 5. – 76 Seiten. Tb (ISBN 3-497-00988-1)
Ernst Reinhardt Verlag München Basel

Müssen Legastheniker Schulversager sein?

Von Beate Lohmann

Durch das Erleben und Beobachten der Legasthenie seit 20 Jahren in der eigenen Familie war die Verfasserin so betroffen, daß sie sich mit 40 Jahren noch einmal zum Studium entschloß, um die Hintergründe, die zur Legasthenie führen, zu erforschen. Eine Legasthenie erkennen und richtig kompensieren lernen ist für die Betroffenen eine Kernfrage. Falsche Einschätzung des Phänomens Legasthenie stört das Schul- und Berufsleben beträchtlich. Elternhaus und Schule müssen die andersartige Entwicklung dieser Kinder erkennen und ihre speziellen Begabungen müssen gefördert werden, damit sie zu Erfolgen in Schule und Beruf führen können.

»Kinder sind Kinder«, 6. – 109 Seiten. Tb (ISBN 3-497-01162-2)
Ernst Reinhardt Verlag München Basel

Fünf Fragen an den Elternberater

Zählenlernen, Farbenkennen, Geschwisterverhalten, Bettnässen, Straßenverkehr
Von Heinz-Lothar Worm

Immer wieder kommt es vor, daß Kinder sich schwertun, zählen zu lernen, die Farben zu unterscheiden oder ein neues Geschwisterchen zu akzeptieren. Manche Eltern sind in Sorge, weil ihr Kind lange über die normale Zeit hinaus einnäßt oder sich im Straßenverkehr durch leichtsinniges Verhalten immer wieder selbst gefährdet. Dieses Buch will den Eltern aufzeigen, welche Ursachen dem Versagen des Kindes zugrunde liegen können und welche Möglichkeiten der Hilfe es gibt. Das Buch ist auch als Hilfestellung und Anregung gedacht für alle, die von Berufs wegen mit der Erziehung kleiner Kinder betraut sind.

Unser Kind kann nicht zählen

Unser Kind kann die Farben nicht benennen

Unser Kind lehnt sein kleines Geschwisterchen ab

Unser Kind näßt immer noch ein

Verhalten im Straßenverkehr

»Kinder sind Kinder«, 8. – 66 Seiten. Tb (ISBN 3-497-01059-6)
Ernst Reinhardt Verlag München Basel

So lernen Kinder sprechen

Die normale und die gestörte Sprachentwicklung
Von Erwin Richter

Mit diesem Buch wird Eltern und Erziehern eine Schilderung der Sprachentwicklung des Kindes gegeben und auf mögliche Verzögerungen oder Auffälligkeiten innerhalb dieser Entwicklung aufmerksam gemacht. Dazu werden Anregungen geboten, wie das Sprechenlernen gefördert werden kann, wie Entwicklungsrückstände aufgeholt werden können und was bei erkannten Störungen von den Eltern zu tun ist. Oft erkennen die Personen der nächsten Umgebung des Kindes nicht, wenn sich eine solche Störung abzuzeichnen beginnt. Hier will der Verfasser aufklären und helfen.

»Kinder sind Kinder«, 9. – 90 Seiten. Tb (ISBN 3-497-01060-X)
Ernst Reinhardt Verlag München Basel

Vertrauen und Verantwortung zwischen Kindern und Erwachsenen

Von Francis X. Walton und Robert L. Powers

Zusammenarbeit ist das Schlüsselwort. In diesem Bändchen wird gezeigt, was Eltern, Lehrer und pädagogische Berater dazu tun können: Ganz auf den Alltag bezogen, werden dem Leser Ratschläge gegeben, wie Kinder und Jugendliche zur Zusammenarbeit mit Erwachsenen und zur Übernahme von Verantwortung bewegt werden können. Das setzt voraus, daß das Kind frühzeitig seinen eigenen Fähigkeiten vertrauen lernt. Die Autoren, amerikanische Psychologen und selbst Väter, haben hier nach eigenen Erfahrungen weitergegeben, was sich in der Praxis bewährt hat.

»Kinder sind Kinder«, 10. – 77 Seiten. Tb (ISBN 3-497-01075-8)
Ernst Reinhardt Verlag München Basel

Der Übergang von der Familie zum Kindergarten

Anregungen zur Gestaltung der Aufnahme in den Kindergarten
Von Manfred Berger

Welche Eltern kennen sie nicht, die für das Kind wie für sie selbst spannenden Tage und Wochen, in denen das Kind in den Kindergarten kommt? Für das Kind stellt dieser wichtige Lebenseinschnitt hohe Anforderungen an seine sozial-emotionale Anpassungsfähigkeit. Die Eltern hegen oft große Erwartungen und sind unvermutet mit Problemen konfrontiert, z. B. der Trennungsangst ihres Kindes, aggressiven Spielgefährten oder der Selbstisolation ihres Kindes in der Gruppe. Und nicht zuletzt kommt daher auch auf die Erzieher(innen) mit jedem neuen Kind in der Gruppe eine neue Aufgabe zu.

Der Autor, ein erfahrener Psychologe und Pädagoge, macht praktische Vorschläge, wie die Aufnahme in den Kindergarten gestaltet werden kann. Zeichnungen, Fotos und Beschreibungen von einzelnen Kindern und Eltern machen dieses Buch zu einem anschaulichen Ratgeber.

Grundlagen und Perspektiven zum Übergang von der Familie in den Kindergarten

Zur Verträglichkeit des Übergangs

Lebensgeschichtlich bewirktes Übergangslernen

Strukturverschiedenheit der Institutionen

Unterschiedliche Interpretation von Verhaltensweisen

Vorwegnahme der Übergangssituation

Hilfestellung beim Übergang

Zur Situation der neuen Kinder

Zur Situation der Kindergruppe

Zur Situation der Erzieherin

Zur Situation der Eltern

Überlegungen zu »Kindergartenreife«

Zur Frage der »Kindergartenreife« in der Fachliteratur

Zur Situation eines Mädchens

Zusammenfassende Ergebnisse und Interpretation einer Fragebogenuntersuchung zur »Kindergartenreife«

Kritische Zusammenfassung

Überlegungen zur Trennungsangst – Am Anfang steht die Trennung

Entwicklung von Vorschlägen für die Gestaltung der Aufnahme in den Kindergarten

Abholen des Anmeldeformulares

Das Aufnahmegespräch

Der Einführungselternabend

Kontaktbesuche

Der Gruppenelternabend

Das Einführungsgespräch

Vorbereitung der »Restgruppe«

Die Eingewöhnungsphase

Übersicht über die beteiligten Personen während der Aufnahme

»Kinder sind Kinder«, 11. – 92 Seiten. Tb (ISBN 3-497-01096-0)
Ernst Reinhardt Verlag München Basel

Eine kleine Heilpädagogik

Vom Umgang mit schwierigen Kindern
Von Andreas Mehringer

Die vielen schwierigen, »verhaltensgestörten« Kinder – wer hilft ihnen? Die meisten haben nicht das (mitunter zweifelhafte) Glück, in eine Therapie, in eine heilpädagogische Sondereinrichtung zu kommen. Laien-Heilpädagogen »ohne weißen Kittel« müssen ihnen helfen – und sie können ihnen helfen. Was ist das Einfachste, das Notwendigste, das Wichtigste im Umgang mit diesen Kindern? Diese Schrift ist die im besten Sinn des Wortes einfache Ratgebung eines erfahrenen Heimleiters – für den Heimerzieher, für Pflegeeltern, Adoptiveltern, für den Lehrer, die Kindergärtnerin, den Gruppenleiter in der Jugendgruppe, aber auch für die Eltern selbst – als Anregung zum Vorbeugen.

Welche Kinder gemeint sind

Die ›kleine‹ und die ›große‹ Heilpädagogik

Leichter gesagt als gelebt

Die sieben Regeln

Das Kind in seiner Eigenart wahrnehmen und es so akzeptieren wie es ist

Ausverwahrlosen lassen

Dafür sorgen, daß das Kind auch in seiner Gruppe angenommen wird

Die Lebensperspektive für das Kind suchen

Keine Heilpädagogik ohne den musisch-künstlerischen Bereich

Keine Heilpädagogik ohne religiöse Bildung

Unter den heilpädagogischen Faktoren auch sich selbst bedenken

Vom Zusammenwirken der Helfer

Ansätze zum Vorbeugen

»Kinder sind Kinder«, 12. – 98 Seiten. Tb (ISBN 3-497-01135-5)
Ernst Reinhardt Verlag München Basel

Kinder brauchen Abenteuer

Von Thomas Lang

Zwischen Schulbeginn und Pubertät liegt die Zeit, in der Kinder sich ihren weiteren Lebensraum erobern, im Spiel nach draußen drängen auf der Suche nach Erlebnissen, Erfahrungen und Abenteuern. Thomas Lang erklärt, welchen Bedingungen und Einflüssen sie dabei ausgesetzt sind, wie sich ihre Bedürfnisse zeigen und woher sie kommen – und auch, welche z.T. subtilen Hemmnisse von seiten der Erwachsenen das Abenteuer erschweren. Der Autor gibt Anstöße, wie wir dazu beitragen können, Kinder auf der Suche nach Abenteuern zu unterstützen. Das Buch ist in sehr klarer Sprache und gut verständlich geschrieben.

Kindheit heute
Kinderalltag zwischen Schule, Konsum und Medien
Verplante Kindheit und Freizeitstreß
Aufwachsen in einer Erwachsenenwelt am Beispiel von Stadtplanung und Wohnungsbau
Abweichendes Verhalten und die Suche nach Abenteuer

Abenteuer als intensives Sichselbst-Erleben
Gibt es richtige und falsche Abenteuer?
Kindliche Entwicklungsphasen und deren unterschiedliche Abenteuerwelten
Acht Grundthemen der mittleren Kindheit:
Jagen und Sammeln
Sein eigenes Haus bauen
Pflegen und Hüten
Entdecker- und Erfindergeist
Handwerk und Handel
Freundschaften, Gruppen und Banden
Körpererfahrungen
Phantasiewelten

Anstöße für eine Abenteuerpädagogik in Familie und Kinderalltag
Das Abenteuer der Elemente: Feuer, Wasser, Erde, Luft
Mit Kindern die Jahreszeiten erleben
Das klassische Abenteuerspiel

Aufsichtspflicht und Haftung

Jugendfarmen und Aktivspielplätze als beispielhafte Abenteuer-, Spiel- und Erlebnisräume

»Kinder sind Kinder«, 13. – 80 Seiten. Tb (ISBN 3-497-01369-2)
Ernst Reinhardt Verlag München Basel